AF478214

„Für“ oder „gegen“ etwas zu sein, wie es im Zen heißt,
ist das schlimmste Übel des Geistes.
Was sich bewegt, bewegt sich subideell.
Etwas ist oder etwas ist der „Mond im Wasser“,
der vollkommene Widerschein – *zwischen* den Dingen.
Denn der „Mond im Wasser“ ist weder der Mond selbst,
noch ist, wo seine Phantomschicht aufliegt, Wasser.

To be “for” or “against” something is, according to the teachings of Zen,
the worst evil of the spirit.
Whatever moves, moves sub-ideally.
Something either is or is the “Moon in the Water”,
the perfect reflection – *between* things.
Since the “Moon in the Water” is neither the moon itself,
nor is the place, where the phantom layer lies, water.

Christoph Loos
NANNA-PARADOX

Herausgegeben von
Gabriele Uelsberg und Gabriele Holthuis

Wienand

Rheinisches LandesMuseum Bonn
4. Mai bis 16. Juli 2006

Museum und Galerie im Prediger Schwäbisch Gmünd
2. Juni bis 27. August 2006

Goethe-Institut Dublin
7. September bis 14. Oktober 2006

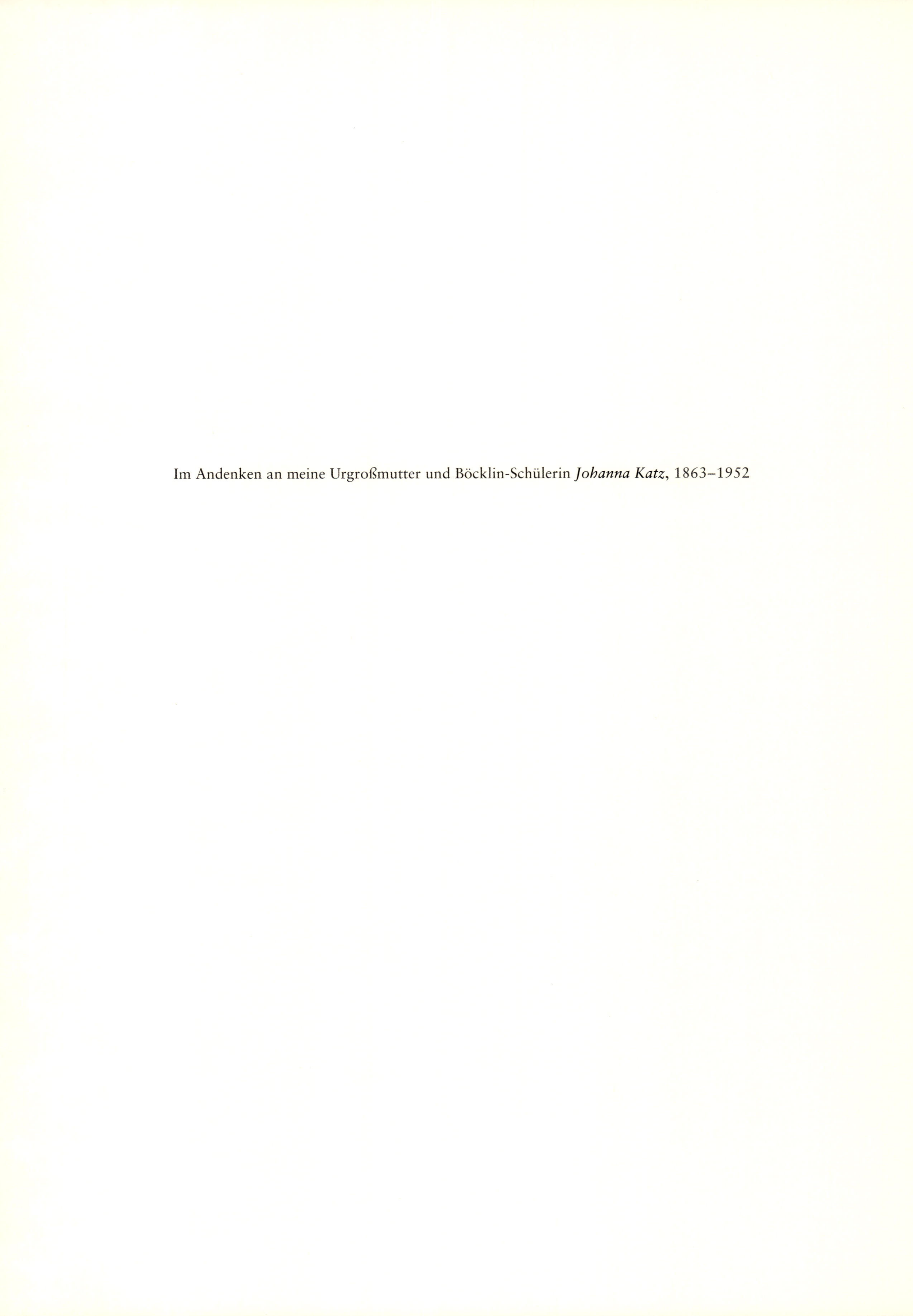

Im Andenken an meine Urgroßmutter und Böcklin-Schülerin *Johanna Katz*, 1863–1952

Vorwort

In der Auseinandersetzung mit dem künstlerischen Werk von Christoph Loos wird eine Betrachtung in verschiedene Bereiche geführt und erfährt komplexe und konsequente Gestaltungen in unterschiedlichen Medien wie Zeichnung, Holzschnitt, Skulptur, Installation und Photographie. Dennoch ergibt sich aus der Vielfalt der Aspekte ein stringentes thematisches Interesse, das Loos mit seiner künstlerischen Arbeit verfolgt und das in materieller wie ideengeschichtlicher Hinsicht mit dem Element Holz und seinem Ursprung – dem Baum – verwoben ist. Christoph Loos gelingt es, in stets innovativen Zugängen, sich diesem Thema zu nähern und sein besonderes Verhältnis zur Lebensform des Baumes in Kunstwerken zu realisieren. Die Spannbreite seiner Arbeit, die immer durch die inhaltliche Vernetzung zusammengefaßt ist, beeindruckt und bietet Möglichkeiten unterschiedlichster Ausstellungs- und Präsentationskontexte. So ergab sich eine Kooperation mit einem gemeinsamem Katalogbuch, aber drei unterschiedlichen Ausstellungshäusern und -präsentationen fast zwangsläufig. Je nach den Schwerpunkten der drei Partner und nach den Möglichkeiten der räumlichen Verortung wird Christoph Loos aus seiner vielfältigen Arbeit der letzten Jahre Ausstellungskontexte erarbeiten, die sich in den verschiedenen Ausstellungsinstituten unverwechselbar darstellen werden.

Christoph Loos entwickelte gemeinsam mit den Kooperationspartnern den vorliegenden Buchband, der seine jüngsten Arbeiten vereinigt. Drei neue Zyklen werden hier zum ersten Mal überhaupt vorgestellt: *Von Monden und Pillendrehern*, *Absent Presence* und *Nanna-Paradox*. Kern der Ausstellungspräsentationen und der vorliegenden Publikation ist dabei der jüngste Zyklus *Nanna-Paradox*, in dem Christoph Loos seine künstlerische Arbeit unter einem Höchstmaß an Risiko unternimmt. Hier verbindet sich aktionaler mit skulpturalem Einsatz zu Photoskulpturen, die im Werk dieses Künstlers neu und ungewohnt erscheinen. Die Aufnahmen, die mittels Infrarotphotographie geschaffen wurden, zeigen einen hohen Grad von Nähe und Verletzlichkeit – weitab von sachlicher Photographie tragen sie Elemente von Spekulation und Emotion in sich und grenzen sich damit bewußt von der Allgegenwart der dokumentarischen Photographie heutiger Zeit ab.

Das vorliegende Buch und die im Anschluß erfolgenden Ausstellungen sind ein Ergebnis der Zusammenarbeit von Museum und Galerie im Prediger in Schwäbisch Gmünd, das sich auf Skulpturenausstellungen konzentriert, damit einen besonderen Anspruch verfolgt und diesen nunmehr seit vielen Jahren erfolgreich behauptet, dem Goethe-Institut in Dublin, dessen Hauskapelle aus viktorianischer Zeit heute Ausstellungsraum mit historischen Implikationen ist, die Christoph Loos durchaus als Verpflichtung und Inspiration begreift, und dem Rheinischen LandesMuseum in Bonn, das hier an seine Photokunst-Tradition anknüpft, die seit fast dreißig Jahren einen Schwerpunkt des Hauses ausmacht.
In Zusammenarbeit mit dem Künstler Christoph Loos und unter großer Unterstützung des Wienand Verlags ist es gelungen, diese umfangreiche Katalogproduktion zu realisieren. Allen Partnern sei an dieser Stelle gedankt sowie den Autoren für die Texte des Kataloges. Ein besonderer Dank gilt Verena Schneider, die am Rheinischen LandesMuseum in Bonn die Ausstellung mit dem Künstler Christoph Loos kuratiert hat.

Gabriele Uelsberg
Rheinisches LandesMuseum Bonn

Gabriele Holthuis
Museum und Galerie im Prediger Schwäbisch Gmünd

Matthias Müller-Wieferig
Goethe-Institut Dublin

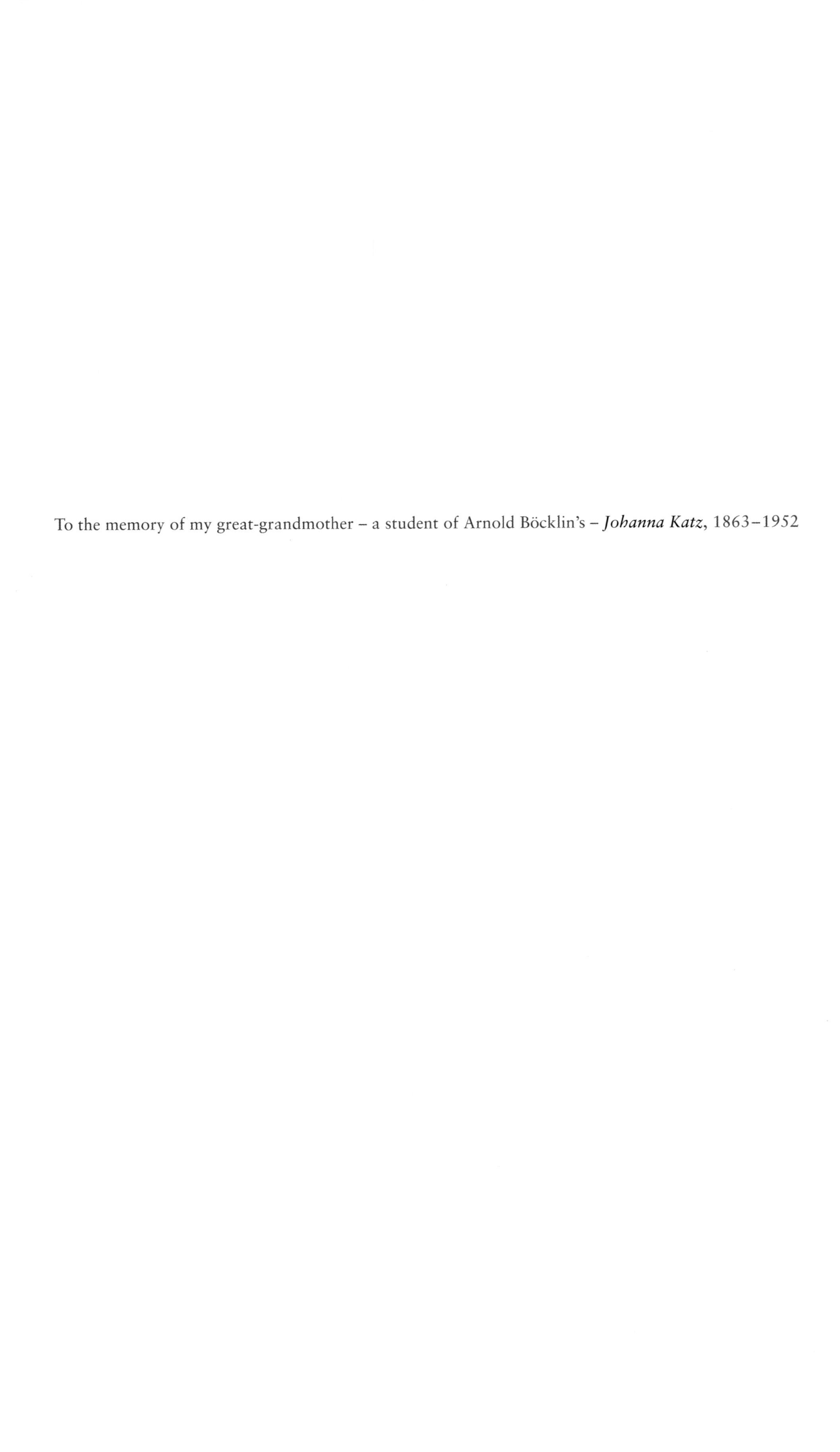

To the memory of my great-grandmother – a student of Arnold Böcklin's – *Johanna Katz*, 1863–1952

Foreword

Entering into a dialogue with the artistic work of Christoph Loos, one is led to consider highly diverse contexts and experiences complex and elaborate formulations in various media such as drawings, woodcuts, sculptures, installations and photography. Nevertheless, a clearly defined thematic interest arises out of these multifarious aspects, one that Christoph Loos pursues in his artistic work and that is interwoven both in terms of the material and intellectual history with the element of wood and its source – the tree. Christoph Loos succeeds in continually developing innovative approaches to this topic and realizing a special relationship to the life form of the tree in his works of art. The broad range of his work, which is always integrated into the thematic context, is impressive and offers opportunities for the most diverse exhibition and presentation contexts. Hence, a cooperative project, which includes a single joint catalogue-book, but three different exhibition venues and types of presentation, was an almost inevitable result. Depending on the main focus of each of the three partners and the possibilities offered by the exhibition spaces, Christoph Loos will develop exhibition contexts based on the diverse works that he has created in recent years, thereby allowing them to present themselves in the different exhibition institutes in an unmistakable manner.

Working with the partners in the cooperative project, Christoph Loos developed this book, which brings together his most recent works. Three new cycles will be presented here for the first time ever: *Von Monden und Pillendrehern*, *Absent Presence* and *Nanna-Paradox*. The core of both these exhibition presentations and this publication is his most recent cycle of works, *Nanna-Paradox*, in which Christoph Loos undertakes his artistic work under a high degree of risk. In it, actionist and sculptural interventions are combined to create photo sculptures, a new and seemingly unfamiliar departure in the work of the artist. These photos, which make use of infrared photography in order to show a degree of closeness and vulnerability that is far removed from objective photography, transport elements of speculation and emotion, thereby consciously distancing themselves from the documentary photography that has now become ubiquitous.

This book and the exhibitions that follow in its wake are the result of the cooperation between the Museum und Galerie im Prediger in Schwäbisch Gmünd, which focuses on sculptural exhibitions and has successfully pursued an ambitious concept for many years now, the Goethe-Institut in Dublin, where the private Victorian Age chapel now serves as an exhibition space with historical implications that Christoph Loos clearly perceives as a source of both obligation and inspiration, and the Rheinisches Landes-Museum in Bonn, which establishes a connection to the museum's tradition of exhibiting photography, which has been an important focus for almost thirty years now.

In cooperation with the artist Christoph Loos, and with the generous support of Wienand Verlag, it was possible to produce this extensive catalogue. Special thanks are due to all of the partners in this project, as well as to the authors of the texts. Above all thanks to Verena Schneider, who curated the exhibition at the Rheinisches LandesMuseum in Bonn along with the artist, Christoph Loos.

Gabriele Uelsberg
Rheinisches LandesMuseum Bonn

Gabriele Holthuis
Museum und Galerie im Prediger Schwäbisch Gmünd

Matthias Müller-Wieferig
Goethe-Institut Dublin

Über Bäume in anderen Zuständen
Eine Einleitung

Gabriele Uelsberg

Christoph Loos hat sich seit Beginn seiner künstlerischen Arbeit mit dem Element Holz auseinandergesetzt und es in den unterschiedlichsten Medien untersucht. Entstanden sind so im Laufe der letzten zwölf Jahre Holzschnitte, Skulpturen, Zeichnungen und Photographien. So könnte die vereinfachte Zusammenfassung seiner künstlerischen Arbeit lauten.
Tatsache jedoch ist, daß Christoph Loos in all seinen Arbeiten mit äußerster Konsequenz einem Thema nachspürt, dessen Vielschichtigkeit und Komplexität er in immer wieder neuen Aspekten ertastet: der Baum als Metapher der existentiellen Daseinsform für Erinnerung, Zeit und Verlauf und der Baum als Symbol einer Entität, an der die Dialektik von Hülle und Kern, Innen und Außen bis hin zum letzten Grad von Leben und Tod erfahrbar wird. Die Intensität und Konsequenz, mit der Loos dabei dem Wesen des Baumes in seiner komplexen archaischen Begrifflichkeit nahekommt, mag nicht zuletzt auch darin begründet sein, daß der Künstler mütterlicherseits einer alten Dynastie von ‚Holzbaronen' entstammt, in der über Generationen das Wissen um diesen besonderen Rohstoff weitergegeben wurde. Die Techniken, derer sich Loos dabei bedient, sind so vielfältig wie der Gegenstand selbst. Im Rahmen dieser Einleitung können nur zwei, allerdings zentrale, Werkbereiche kurz gestreift werden.

Über seine bildhauerischen Fertigkeiten hinaus hat sich Christoph Loos immer stärker auch mit Techniken auseinandergesetzt, die auf den ersten Blick nicht unmittelbar Teil bildhauerischen Arbeitens sind, wie das Drucken bearbeiteter Holzwalzen auf hauchdünnen Blattholzbahnen, den Zeichnungen in Schichtungen oder, wie in seinem jüngsten Werkkomplex *Nanna-Paradox*, indem er mit der Infrarotkamera Prozesse festhält, die er zuvor mit Bäumen und Akteuren eingeleitet hat.

In seinen Holzschnitten wird deutlich, daß Christoph Loos nicht wirklich klassischen Holzschnitt meint, wenn er aus seinen Druckstöcken und Blatthölzern malerische, zeichnerische und skulpturale Elemente schafft, die sich in wandelbaren Installationen neu zusammenfinden. Zwar kennt Christoph Loos die Eigenschaften seines Materials sehr genau: „*Von der Eigenart des Holzes, seiner Struktur, seinem Wuchs in Wald und Wind gelangen feine Spuren noch bis in den fertigen Druck des Holzschnittes hinein: ... kleine Streifen und Flecken, Spuren der Maserung, des Fasergewebes, der Jahresringe und der Aststellen... Hier ist, wie beim Handwerk, die Hand des Meisters unmittelbar spürbar.*"[1] Dennoch geht es ihm nicht primär um die künstlerischen Möglichkeiten, die das Medium des Holzschnitts bietet. Vielmehr schafft er aus der Entität des Baumes heraus eine konzeptuelle Skulptur: Das Spezifische seiner Herangehensweise ist, daß die sich ergänzenden Aspekte, Druck und Druckstock, ein und desselben Ursprungs sind, indem von einem Baumstamm radial hauchdünne Blattholzbahnen abgeschält werden. In der Nachfolge wird der walzenförmige

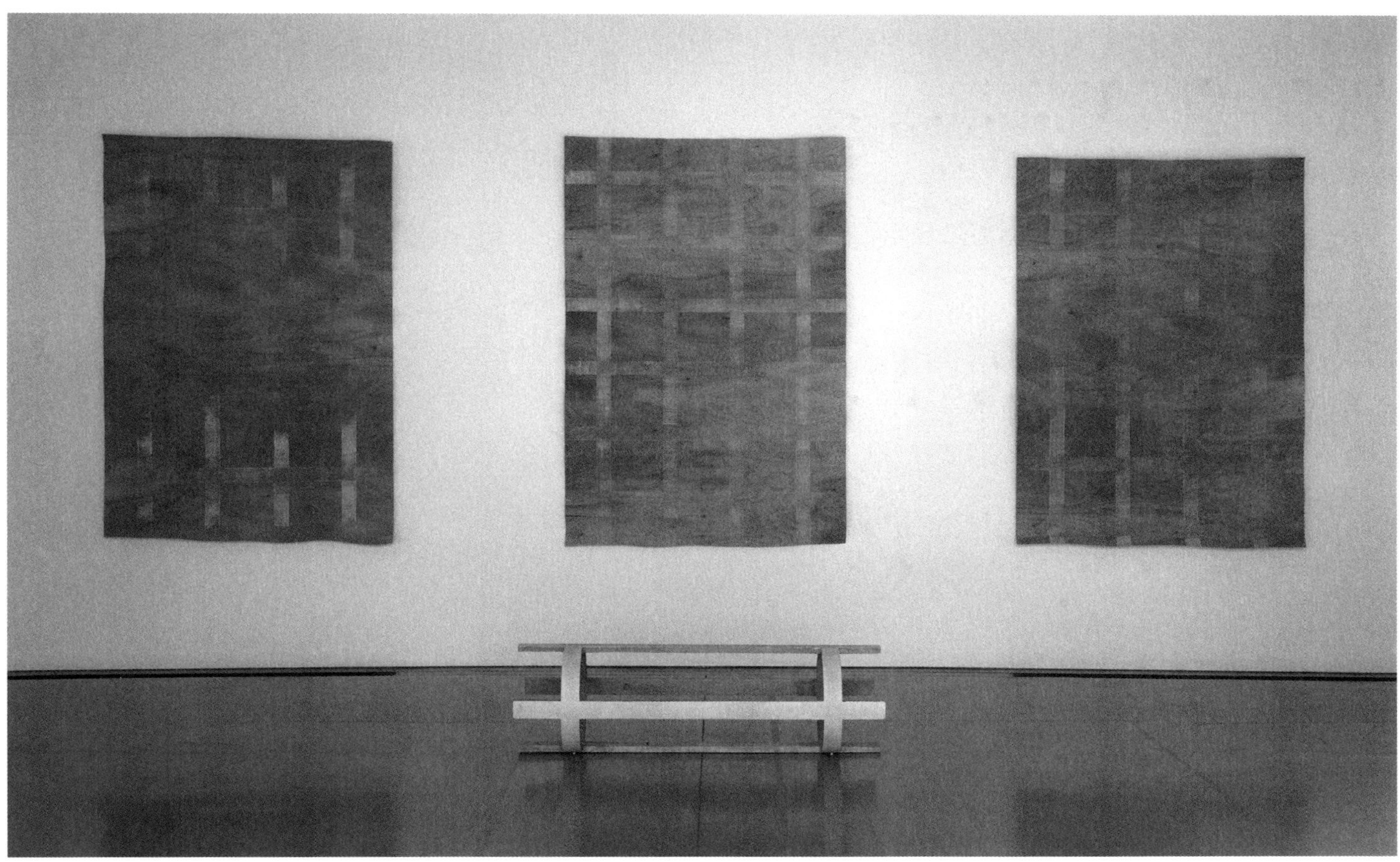

Chiasma #11, Installation ACAC Japan, 2003, Holzschnitt auf Silbermagnolie mit Druckstock, 520 x 300 x 160 cm

Druckstock zum ‚Spurenleger' auf den Blatthölzern, die ihn ursprünglich ummantelt haben. So arbeitet Loos gleichsam umgekehrt vom Kern nach außen statt von außen nach innen, wie es der klassische Holzschnitt suggerieren mag. Der Druckstock hinterläßt Spuren auf der Oberfläche der Holzblätter, die ihrerseits wiederum in ihren Maserungen die Zeit und den Prozeß des Wachstums in sich tragen. Immer wieder greift Christoph Loos sensibel in die vorgefundenen Prozesse des organisch gewachsenen Materials ein, um Verknüpfungen zu thematisieren zwischen dem Urstoff, seinem prozessualen Werden und den künstlerischen Setzungen, die dies deutlich machen. Diese künstlerischen Eingriffe sind auch immer Eingriffe in lebendes Material. Anders als Stein oder Metalle bleibt ihm das Holz immer der lebendige Organismus, das es einst war und dem der Künstler deshalb frühestmöglich zu Leibe rückt: Kurz nachdem der Baum gefällt und geschält wurde – das Holz ist noch voller Wasser und Saft – , werden die Blatthölzer für die Dauer der mitunter sehr diffizilen Bearbeitung des Druckstockes tiefgekühlt und erst kurz vor dem eigentlichen Druckprozeß wieder aufgetaut. Dem Holz wird seine Zeitlichkeit zurückgegeben, wenn sich die bedruckten Blätter im Zuge des allmählichen Durchtrocknens reliefartig verformen. In den Holzschnittinstallationen von Christoph Loos ist denn auch das Thema der Holzschnitte der Schnitt des Holzes selbst und seine Existenz als Baum.

Im Skulpturen-Werkzyklus des *Nanna-Paradox* geht Christoph Loos noch einen Schritt weiter. Diesmal ist der ‚Holz-Schnitt' ein massives Eingreifen in die ‚Lebenswirklichkeit' des Baumes. Bäume, die zur Fällung anstehen, werden ausgewählt, um sie zu öffnen. Wenn dies geschehen ist, gehen Darsteller mit den geöffneten Bäumen eine kuriose Symbiose ein, indem sie ihre Arme oder Köpfe in die Stämme versenken. So thematisieren die Darsteller das besondere Verhältnis von Hülle und Körper, von Innen und Außen. Dieses Eindringen, dieses Einverleibungsereignis zwischen zwei Organismen zeichnet Christoph Loos dann mittels Infrarotphotographie auf. Die Wahl dieses technischen Mediums entspricht wiederum seinem persönlichen künstlerischen Ansatz, nicht gattungsspezifische Erwartungen – wie der Bildhauerei, des graphischen Holzschnitts oder der Photographie – zu erfüllen, sondern sich mit ganz eigenen künstlerischen Mitteln dem zu widmen, was ihn existentiell wie philosophisch fesselt. Loos nimmt hierbei also keine Photographie im klassischen Sinne ab, sondern eine Thermographie, denn die Wärmewerte von Mensch und Baum treten in diesen Bildern stärker in Erscheinung als jegliche Lichtmalerei, die sich auf einer konventionellen Aufnahme festhalten ließe. Es geht Christoph Loos mit diesem Werkzyklus nicht primär um eine photographische Reihe, sondern um die Bildwerdung einer auratischen Verknüpfung von Baum und Mensch im Zustand höchster Verletzung und gleichzeitig stärkster Nähe. Die Rotfärbung der Photographien intendiert dabei auch jenen gewalttätigen Eingriff, zu dem sich Christoph Loos bei der Realisierung dieses Werkzyklus gezwungen sieht, und läßt Assoziationen von Blut und Schmerz zu. Die Intensität dieses Prozesses, der zudem auch nur auf jene eine kurze Nacht vor dem Fällen des Baumes befristet ist, wird in den Photographien miterlebbar und wiedererlebbar, auch wenn ihre Gewalt durch die formalisierte Ästhetisierung gemildert und transformiert erscheint.

Es ist zwingend, daß Loos' Auseinandersetzung mit dem Baum als Sinnsystem sich weder methodisch noch technisch oder gattungsspezifisch einschränkt, sondern immer wieder neue Konstellationen ins Leben ruft. Form auf Form setzt der Künstler seine Bildfindungen auf den Holzstamm und entwickelt aus einer Realsituation eine verfremdende Photographie. Seine Arbeiten tragen in diesem Sinne auch stets ihre Evolution mit und in sich, mal als Relief, mal als Installation oder auch als Schichtung von Erinnerung.

Die Frage nach der Eindeutigkeit eines Kunstwerks gewinnt vor den Arbeiten Christoph Loos' eine besondere Brisanz: Entstehung und Wahrnehmung, der hervorbringende Akt des Künstlers und die meist verzögerte Anwesenheit eines Betrachters sind strukturell verwoben. Für diesen Zusammenhang hat Gottfried Boehm auf die besondere Rolle der ‚Erinnerung' in den bildnerischen Konzepten der Moderne hingewiesen: *„Die Zeitform dieser Bilder resultiert aus den Strömen der Zeichen, in der Unbestimmtheit des weißen Bildraums. Es ist der sedimentierende Vorgang des Erinnerns selbst, an dem wir teilnehmen.*"[2]
Christoph Loos' Arbeiten scheinen der Mutter der Musen, der Mnemosyne, gewidmet. Die Göttin des ‚Sich-Innewerdens' in der Erinnerung wird bei Hesiod zum Ursprung allen künstlerischen Schaffens und des Sammelns und Bergens der so flüchtigen sinnlichen Erlebnisse in der Präsenz einer Erzählung, einer Skulptur oder eines Bildes.[3]

Die plastischen Arbeiten von Christoph Loos wirken wie eine Verdichtung, eine fast ekstatische Aufladung unserer Gegenwart über der Metapher des Baumes, die sich über die Vergänglichkeit erhebt.

[1] Rudolf Schröder, in: Otto Pankok und Rudolf Schröder: *Deutsche Holzschneider*, Düsseldorf 1958, Progress-Verlag.

[2] Gottfried Boehm: *„Mnemosyne. Zur Kategorie des erinnernden Sehens"*. In: Boehm, Stierle, Winter (Hg): *Modernität und Tradition. Festschrift für Max Imdahl zum 60. Geburtstag*, München 1985, S. 54/55.

[3] Vgl. Peter Matussek: *„Mnemosyne"*. In: Nicolas Pethes und Jens Ruchatz (Hg): *Gedächtnis und Erinnerung*. Reinbek bei Hamburg 2001, S. 378f.

On Trees in Other States
An Introduction

Gabriele Uelsberg

Christoph Loos has been involved in an ongoing dialogue with the element of wood since the very beginning of his artistic career, and has examined it through the most diverse media. Over the course of the last twelve years he has created woodcuts, sculptures, drawings and photographs. This might serve as a simplified summary of his artistic work.
In fact, however, Christoph Loos has been methodically engaged in a pursuit to discover the many levels and the complexity of one topic in ever newer aspects: the tree as a metaphor for the existential manifestation of memory, time and progression, and the tree as a symbol of an entity in which the dialectic of shell and seed, inside and outside – through to the final degree of life and death – can be sensed. The intensity and dedication with which Loos approaches the essence of the tree in its complex archaic conception may not be least of all a result of the fact that the artist is, on his mother's side, the scion of an old dynasty of 'wood barons', in which a knowledge of this very special resource has been handed down over generations. The techniques that Loos makes use of are as diverse as the object itself. Within the framework of this introduction we can only touch briefly on two, albeit central, areas of his work.

Going beyond the skills of a sculptor, Christoph Loos has been working more and more on coming to terms with techniques that one is not inclined to view as part of a sculptor's work, such as printing with prepared wooden cylinders on paper-thin sheets of peeled wood, drawing in layers or, as in his most recent complex of works, *Nanna-Paradox*, using infrared photography to document processes that he previously initiated by using trees and actors.

In his woodcuts it becomes clear that Christoph Loos never really intends to create classic woodcuts when he makes use of printing cylinders and sheets of peeled wood that he transforms into paintings, drawings or sculptural elements, only to regroup them again into highly variable installations. It is true that Christoph Loos is well acquainted with the characteristics of his material: "*From the characteristic of the wood, its structure, its growth in the forest and wind, fine traces find their way into the final printing of a woodcut: ... narrow lines and spots, traces of the grain, the fiber, the growth rings and knots ... Here, as in the work of a craftsman, the hand of the master can be directly sensed.*"[1]
Nevertheless, he is not primarily interested in the artistic possibilities that the medium of the woodcut offers. On the contrary, out of the entity of the tree he creates a conceptual sculpture: the specific characteristic of his approach is the complementary aspect of the print and the printing cylinder, they have one and the same origin since the thin sheets of wood were peeled off of a tree trunk radially. In an ensuing step the drum-like printing cylinder is used to 'leave traces' on the sheets of wood that originally encased it.

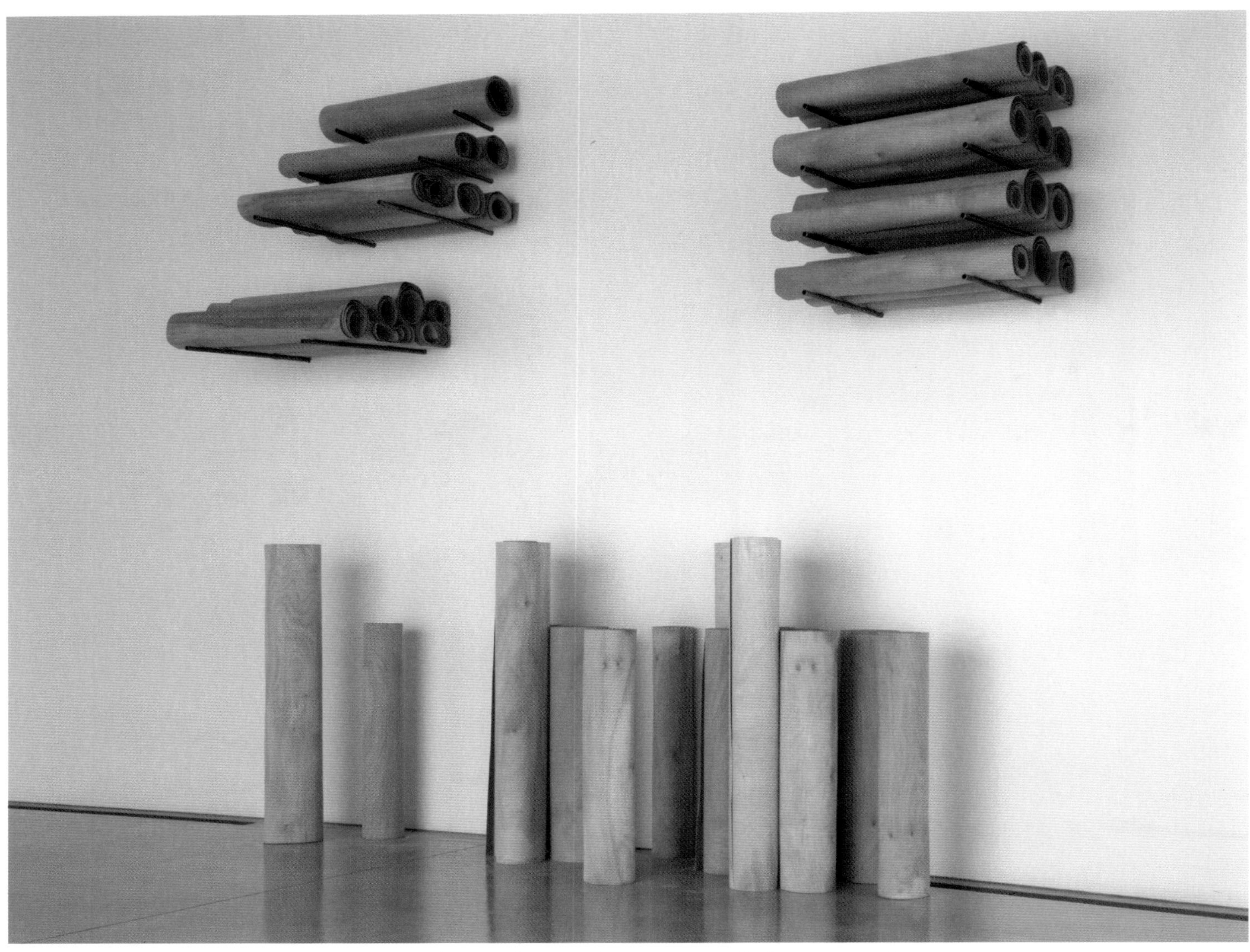

Chiasma #12, Installation ACAC Japan, 2003, Woodcut on silbermagnolia with printing block, 550x420x80 cm

In this manner Loos seems to work from the inside out rather than from the outside in, as the classic woodcut seems to suggest. The printing cylinder leaves traces on the surface of the sheets of wood, which in turn carry their own time-span and process of growth within their grain. Christoph Loos repeatedly intervenes in the existing processes of the organically grown material in a sensitive manner in order to address the connection between the primary substance, its gestation process and the artistic act that makes it perceptible. These artistic interventions are also always interventions in living material. Quite different from stone or metal, wood always remains for him the living organism that it once was and with which the artist therefore begins to work as early as possible: soon after the tree is felled and peeled – when the wood is still full of water and sap. The sheets of wood are frozen for the duration of the sometimes very involved work on the printing cylinder and then only thawed out shortly before the actual process of printing. The wood is given back its temporal relationship when the printed sheets, in the course of gradually drying, begin to take on the form of a relief. In the woodcut installations by Christoph Loos the topic of the woodcuts is the cutting of the wood itself and its existence as a tree.

In his sculptural work for the *Nanna-Paradox* cycle Christoph Loos goes one step further. This time the 'woodcut' is a massive intervention into the 'living reality' of the tree. Trees that are scheduled to be felled, are selected so that he can open them up. After this has been done, actors enter into a curious symbiosis with the opened trees by sinking their arms or heads into the trunks. Thus the actors illustrate the theme of the special relationship between the shell and the body, between inside and outside. This penetration, this experience between two organisms of being taken into another body is recorded by Christoph Loos by means of infrared photography. The selection of this technical medium again reflects his personal artistic approach, not to fulfil genre-specific expectations – such as those of sculpture, graphic woodcuts or photography –, but rather to dedicate himself through his very own artistic means to the questions that fascinate him both existentially and philosophically. In this context Loos does not just take photographs in the classic sense, he records a thermography, since the heat values of man and tree are far more prominent in these images than is possible in the depiction of light values in conventional photography. What is important for Christoph Loos in this cycle of works is not primarily a series of photographs, but rather the gestation of these images of an auratic connection between tree and man under conditions of extreme injury and – at the same time – intense closeness. The red in the photographs seems to echo the intention of a brutal intervention, one which Christoph Loos saw himself forced to commit in the realization of this cycle of works, it allows associations with blood and pain to arise. The intensity of this process, that is limited to one short night before the trees are felled, can be directly experienced and re-experienced in the photographs, even when their brutality is mitigated and appears to be transformed by the formalized aestheticization.

It is essential that the ongoing dialogue with trees, in which Christoph Loos is involved, remains unrestricted in its methodical, technical and genre-specific system of meaning, it must be able to call ever newer constellations to life. The artist sets about the process of finding an image on the tree trunk form by form and develops an alienated photograph out of a real situation. In this sense, his works always carry their own evolution with and in themselves, sometimes as a relief, sometimes in the form of an installation or as a layering of memory.

The question as to the clearly determined meaning of a work of art takes on a special poignancy in conjunction with the works of Christoph Loos: creation and perception, the artist‘s act of bringing it forth, and the usually delayed presence of a viewer are structurally interwoven. In this context Gottfried Boehm refers to the special role of 'memory' in the depictive concepts of modernism:
"*The tense of these images results from the flow of signs in the indeterminability of the white space of the image. It is the sedimentation process of remembering itself in which we participate.*"[2]
The work of Christoph Loos seems to be dedicated to Mnemosyne, the mother of the muses. Hesiod sees this goddess of recapturing our innermost selves in memory as the origin of all artistic creation, and of the collecting and hiding of highly volatile sensual experiences in the present tense of a narrative, or a sculpture or an image.[3]
The sculptural works of Christoph Loos seem like a compression, an almost ecstatic charging of our existences in the present through the metaphor of the tree which rises far above the transitory.

[1] Rudolf Schröder, in: Otto Pankok und Rudolf Schröder: *Deutsche Holzschneider*, Düsseldorf 1958.

[2] Gottfried Boehm: "Mnemosyne. Zur Kategorie des erinnernden Sehens", Boehm, Stierle, Winter (eds.), *Modernität und Tradition. Festschrift für Max Imdahl zum 60. Geburtstag*, München 1985, P. 54/55.

[3] Cf. Peter Matussek: "Mnemosyne", Nicolas Pethes and Jens Ruchatz (eds.), *Gedächtnis und Erinnerung*, Reinbek bei Hamburg, 2001, p. 378.

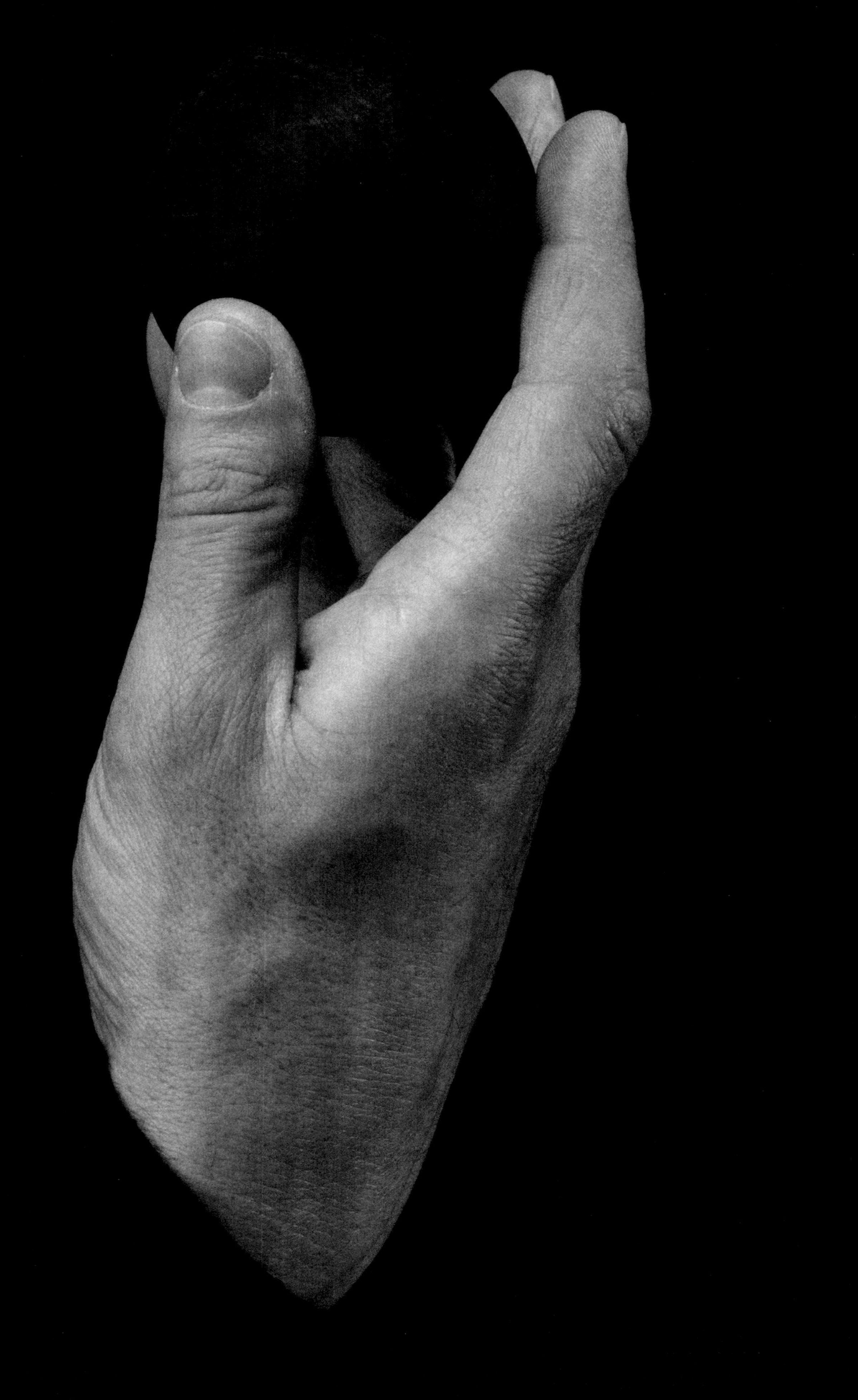

Von Monden und Pillendrehern

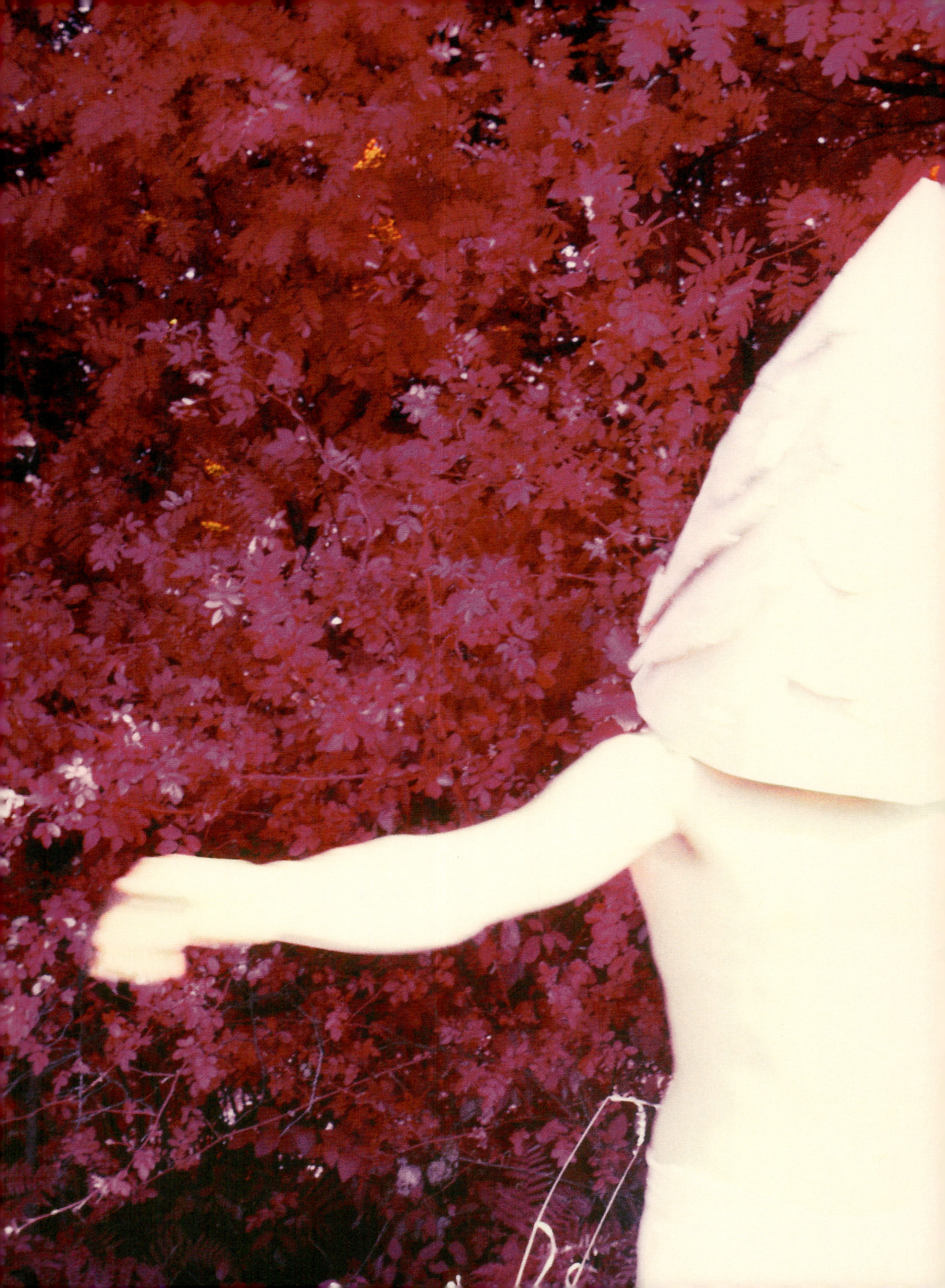

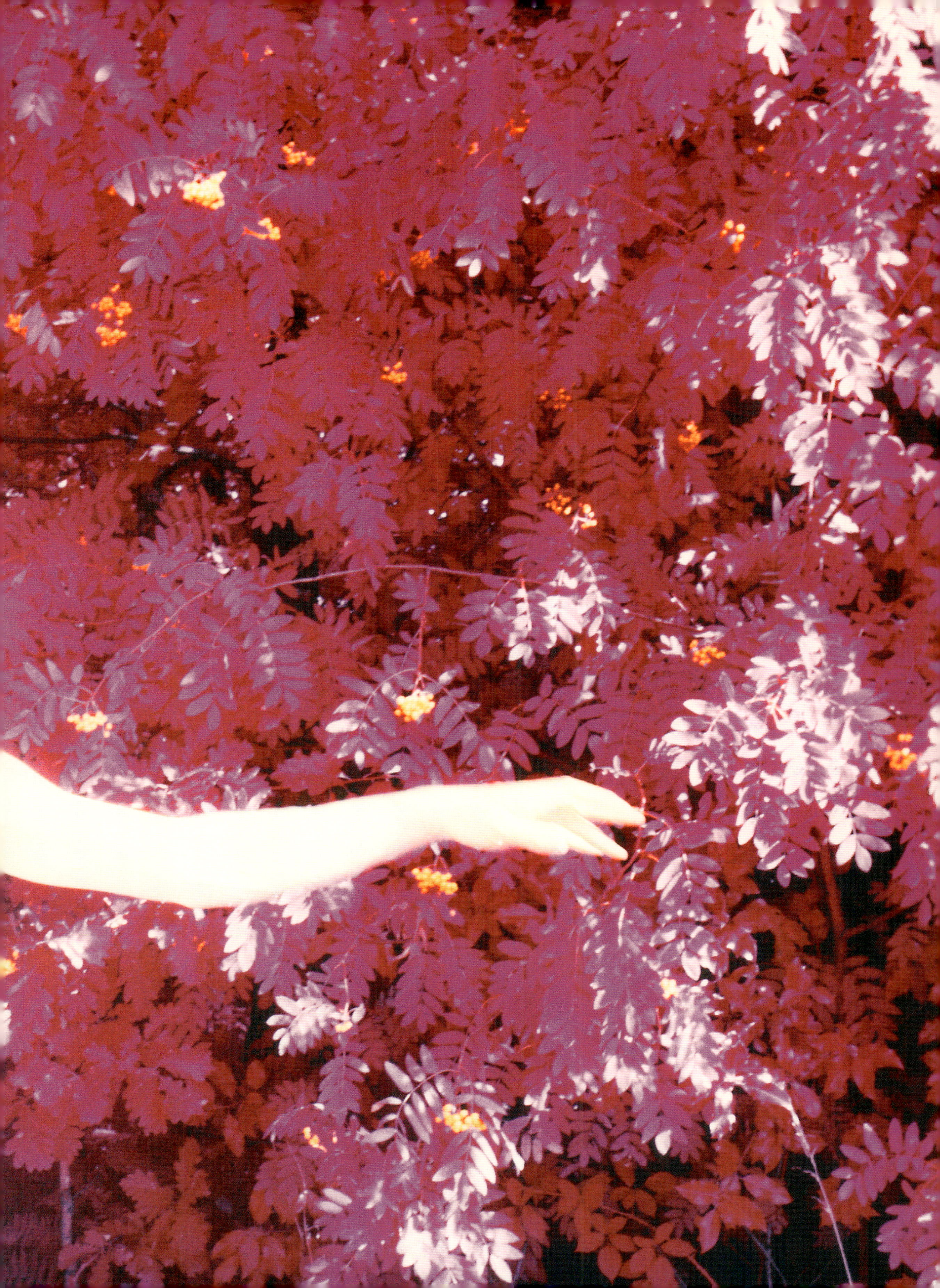

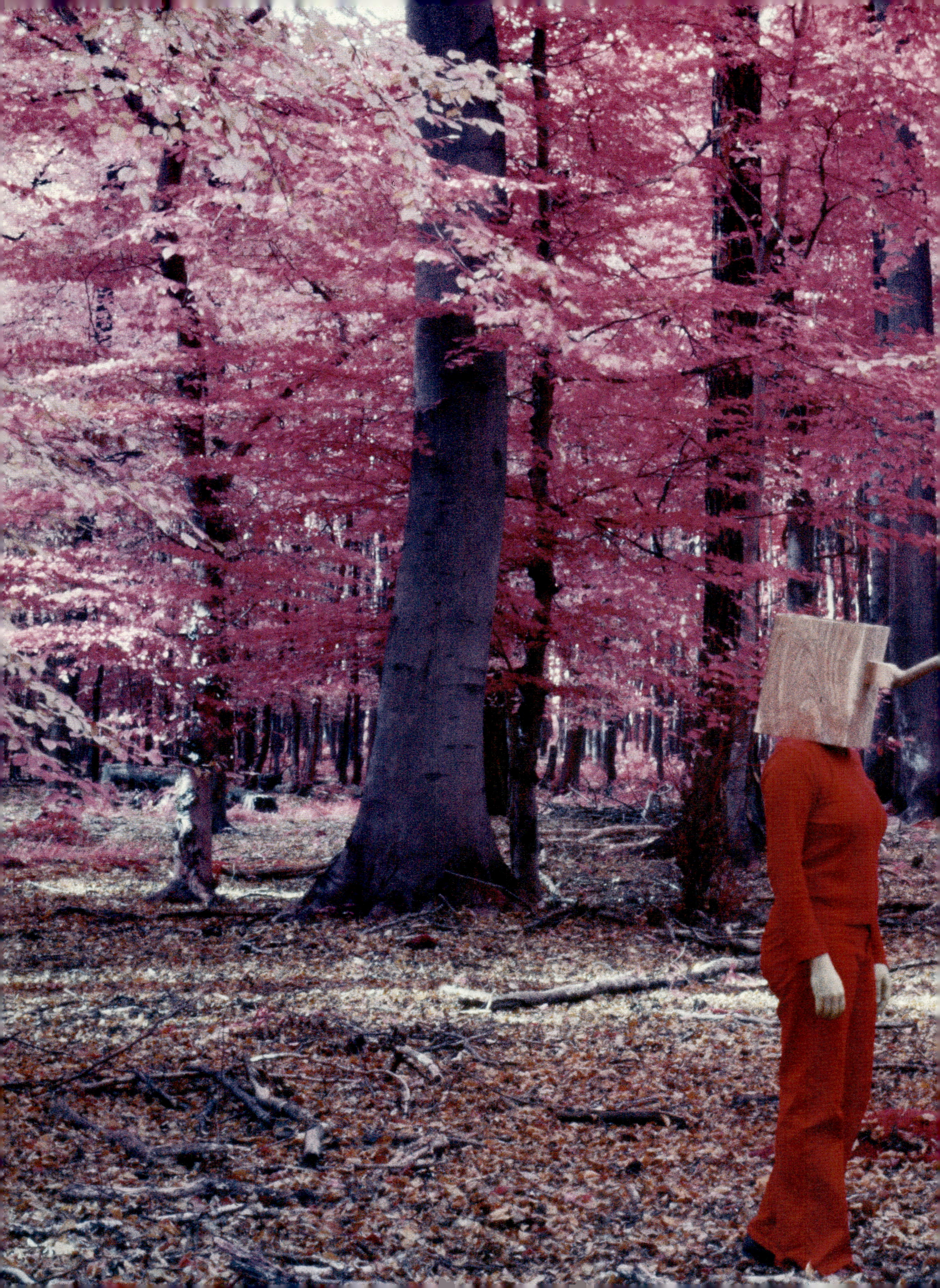

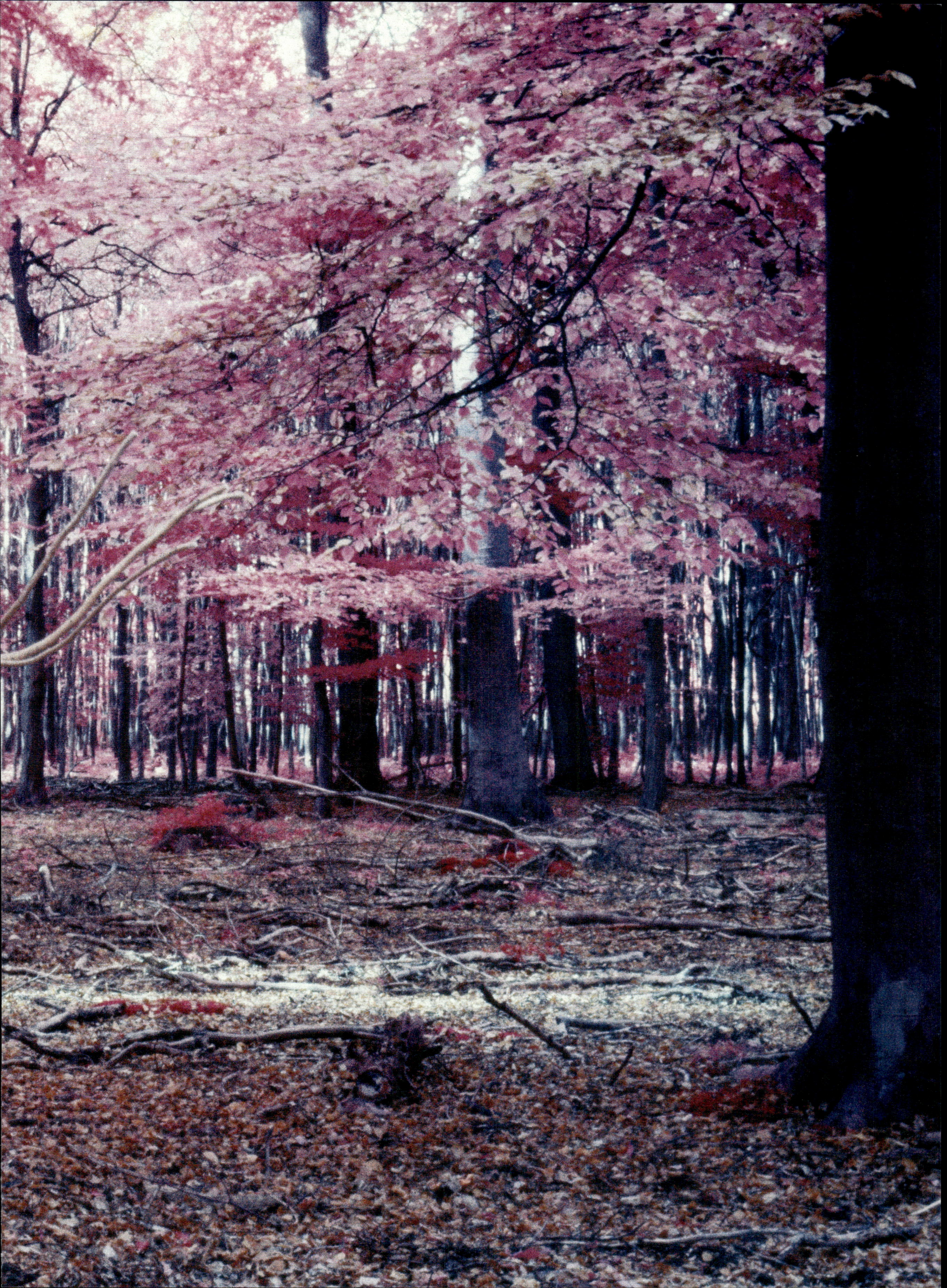

Als ich noch Prinz war in Arkadien, 2001 S. 18/19
Chimära, 2002 S. 20/21

Akmé, 2002

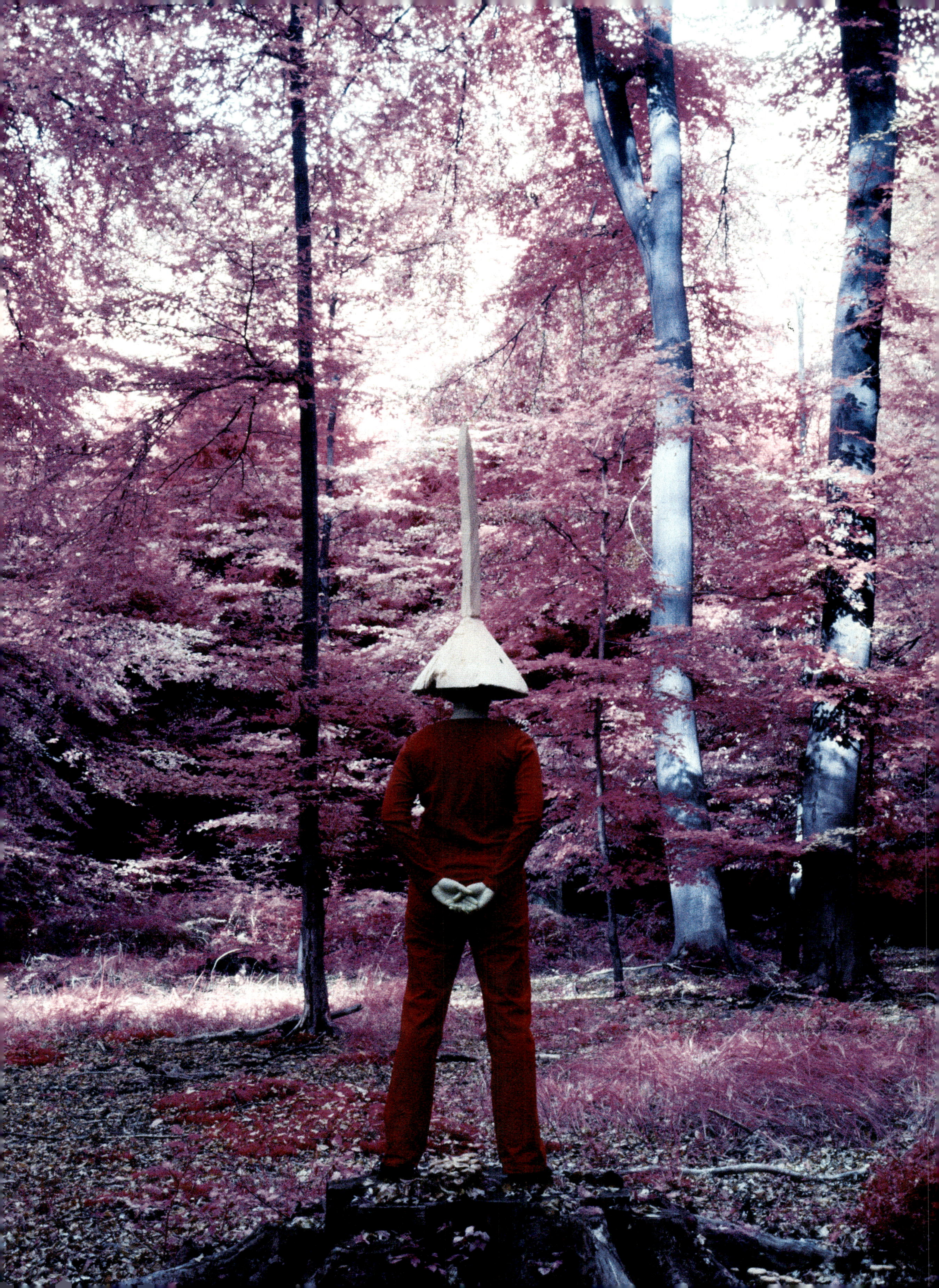

Erlkönigin, 2002

(A.) Anfang einer Welt (für C.B.), 2002 S. 26/27
Von Monden und Pillendrehern #1–#3, 2003 S. 28–33

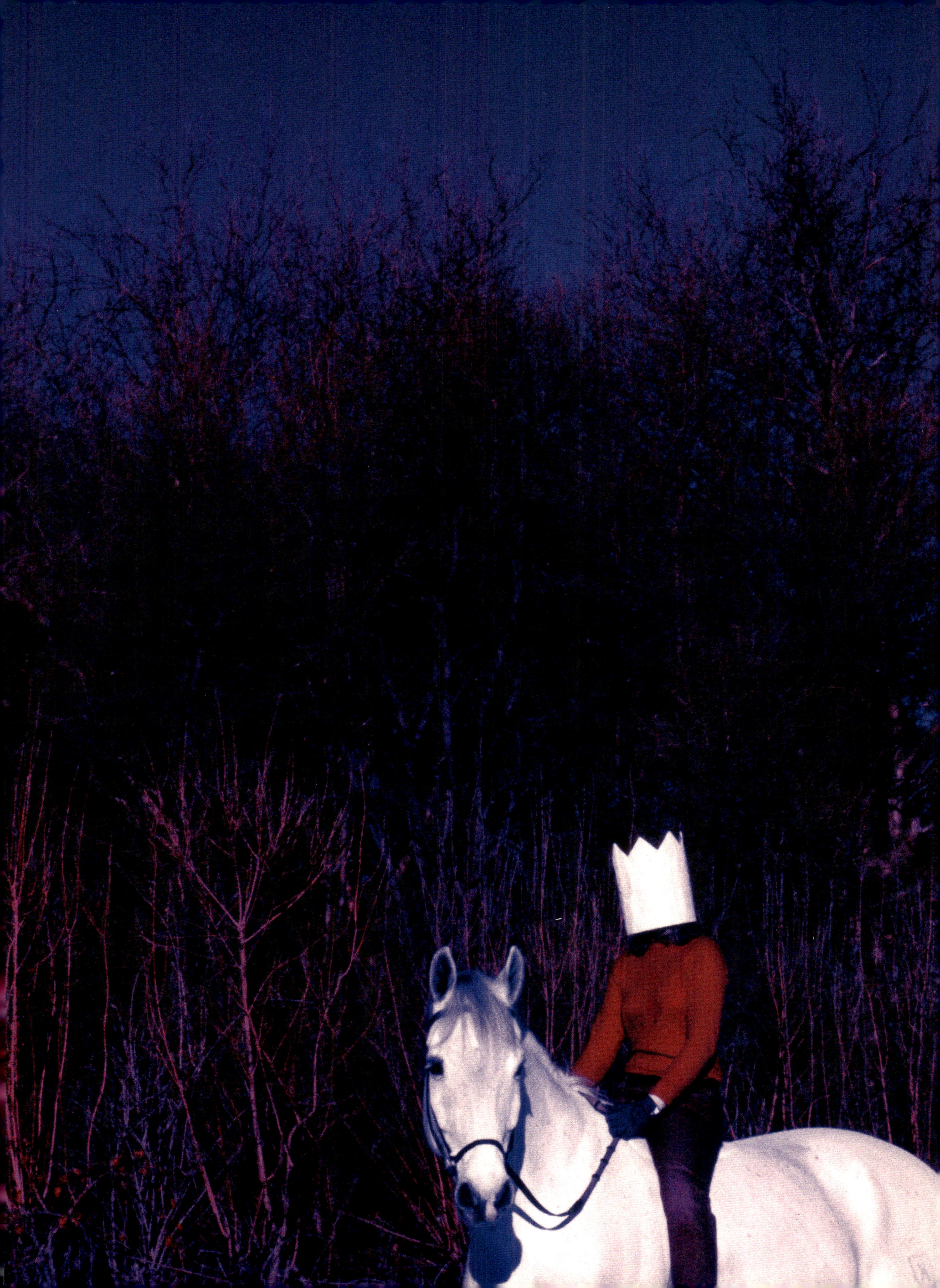

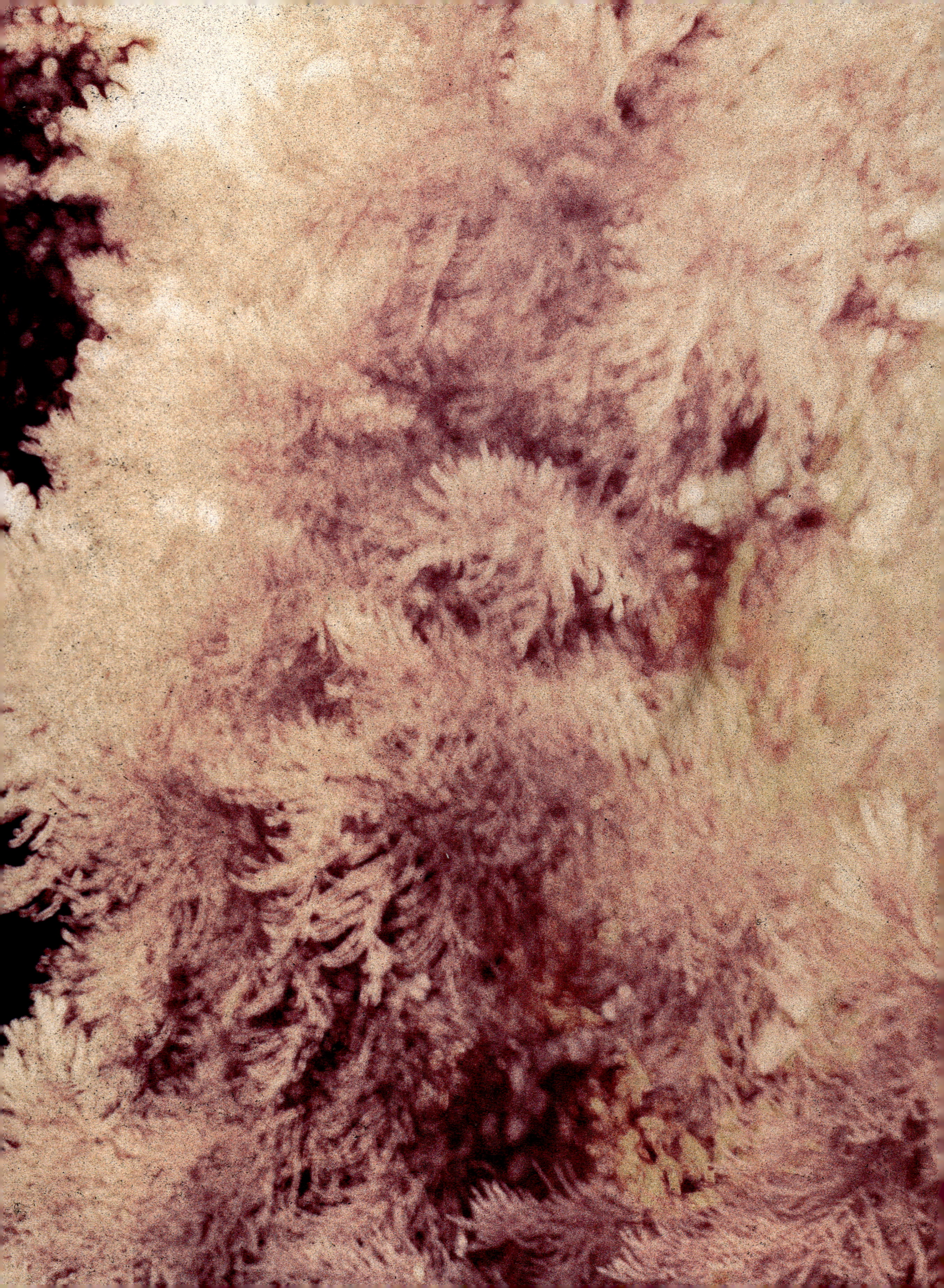

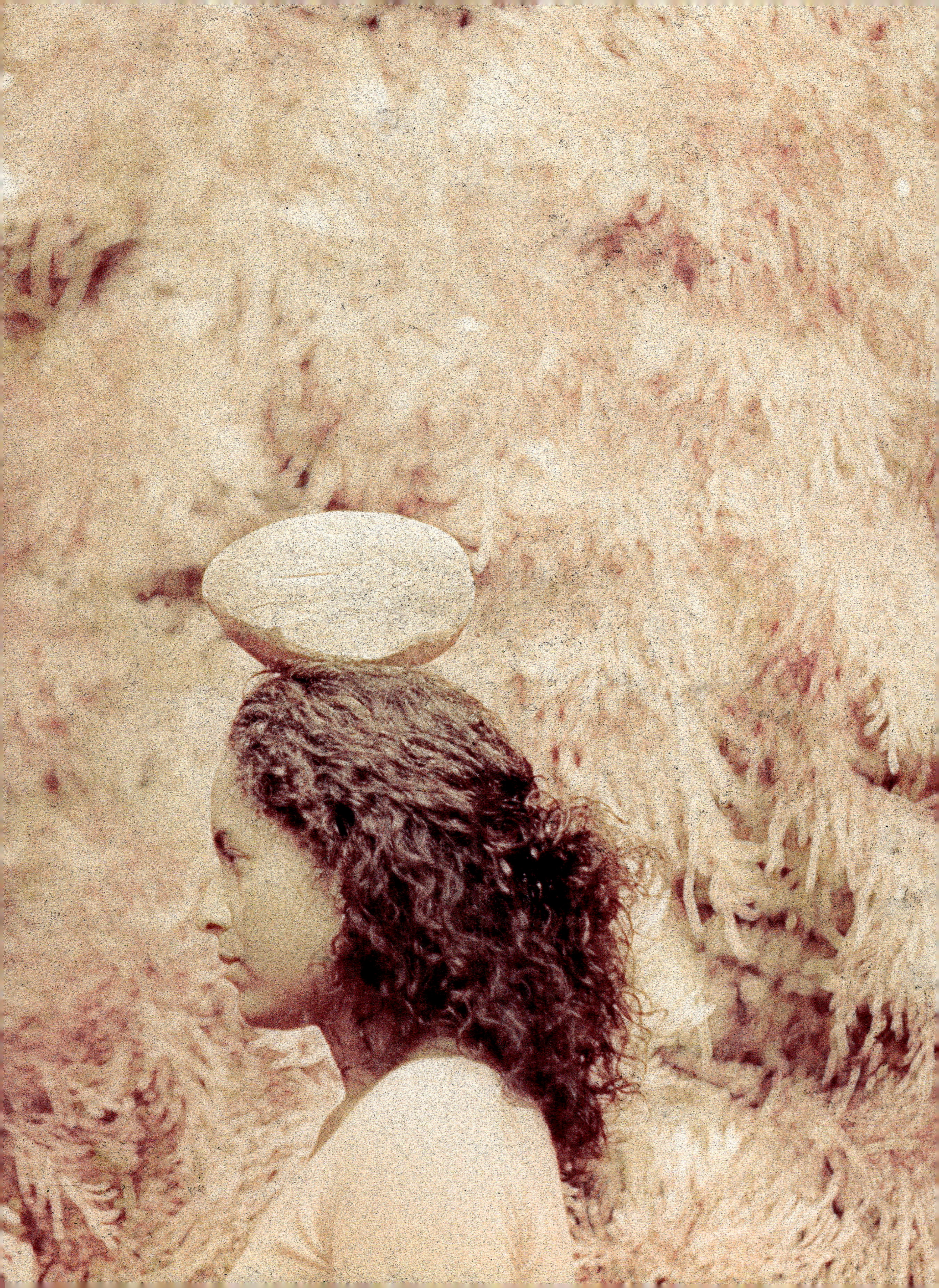

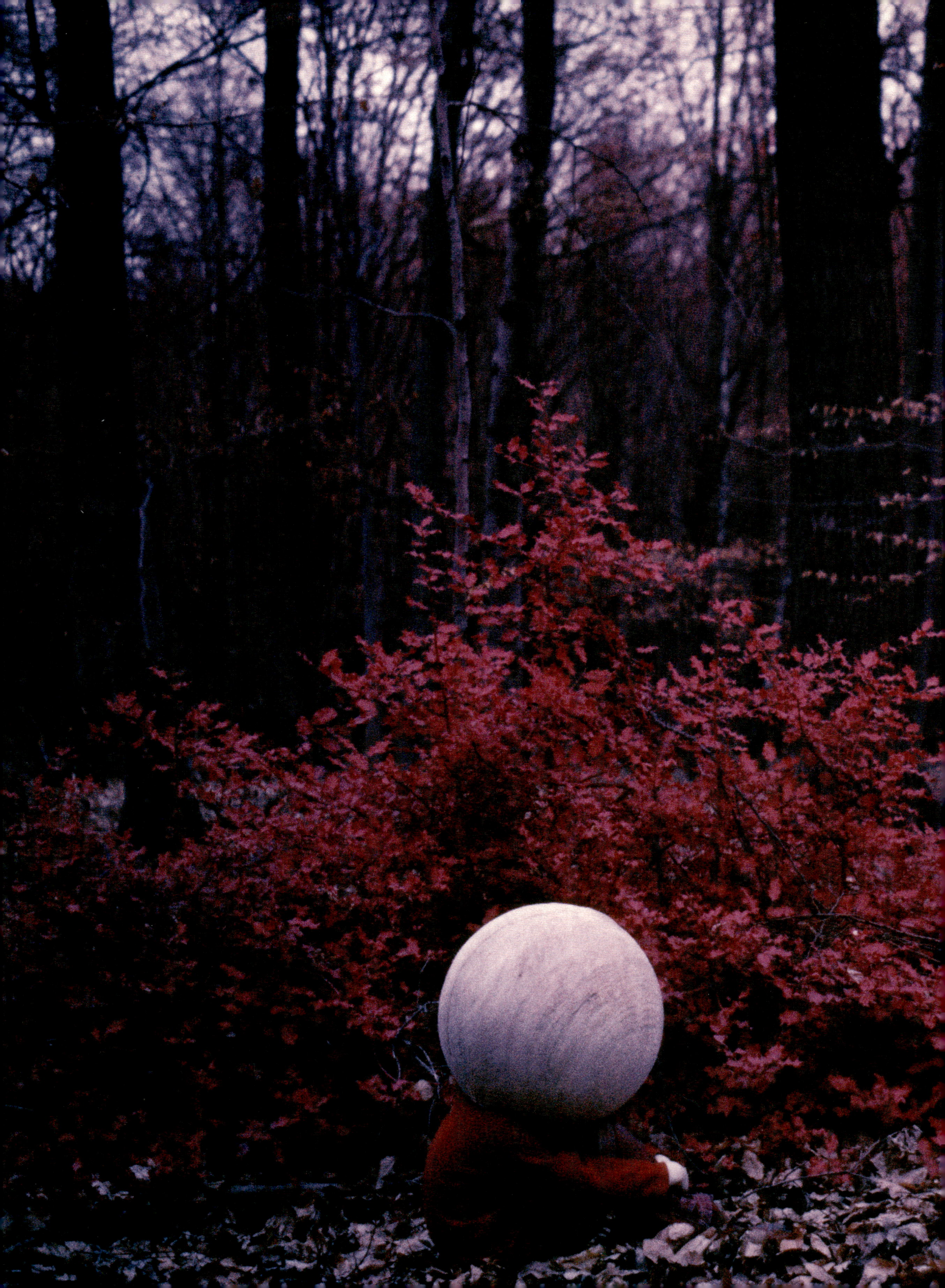

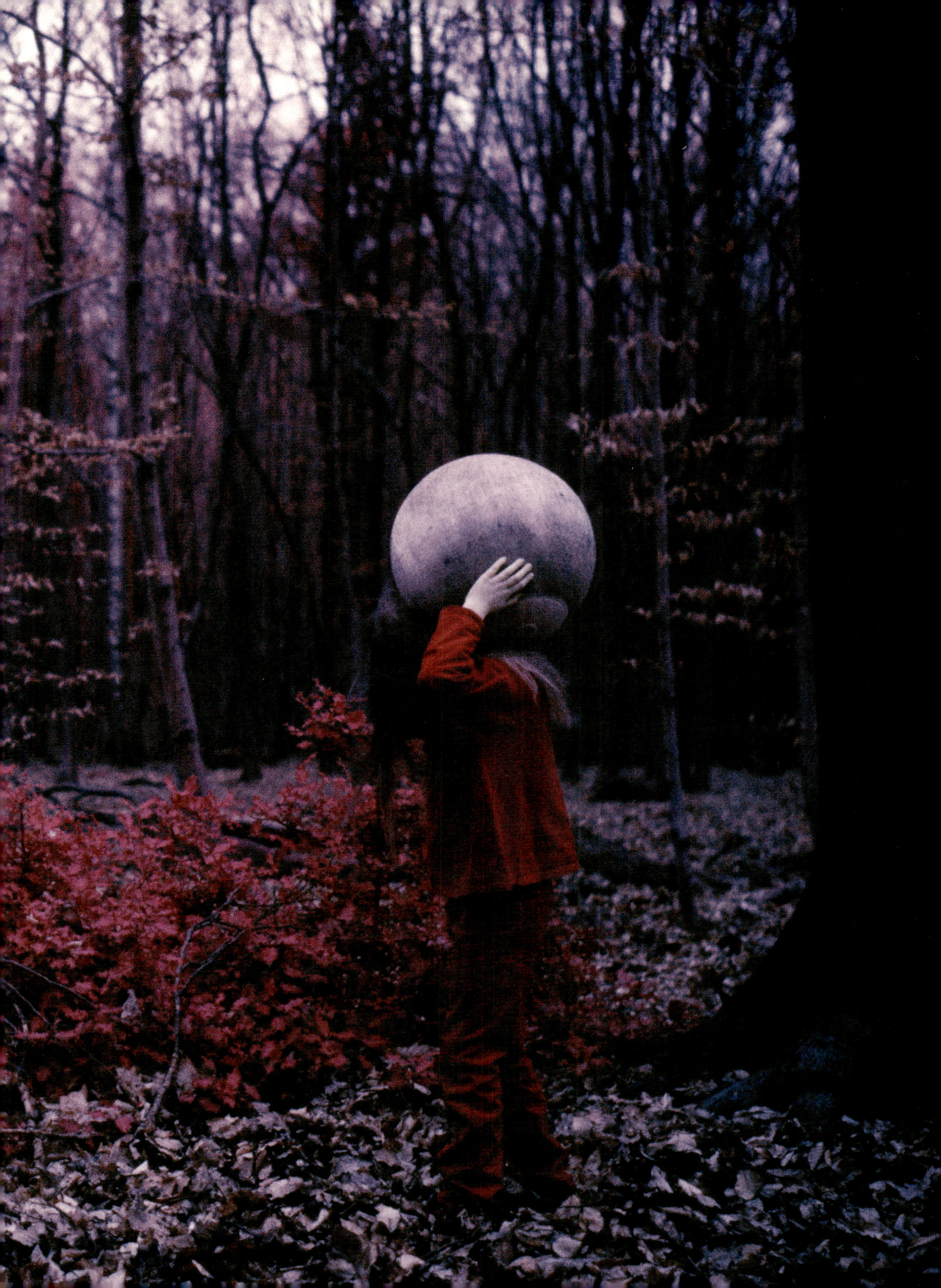

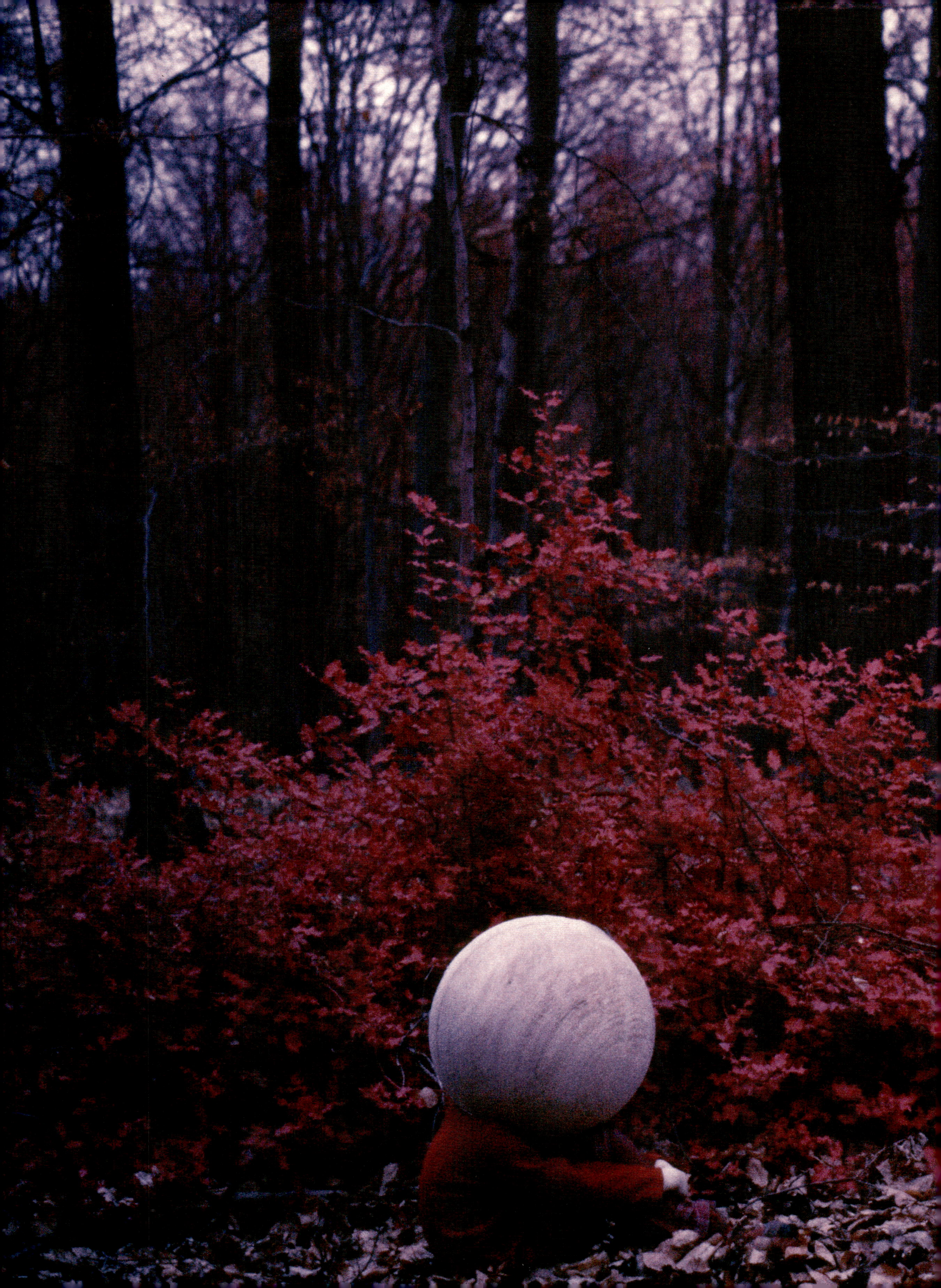

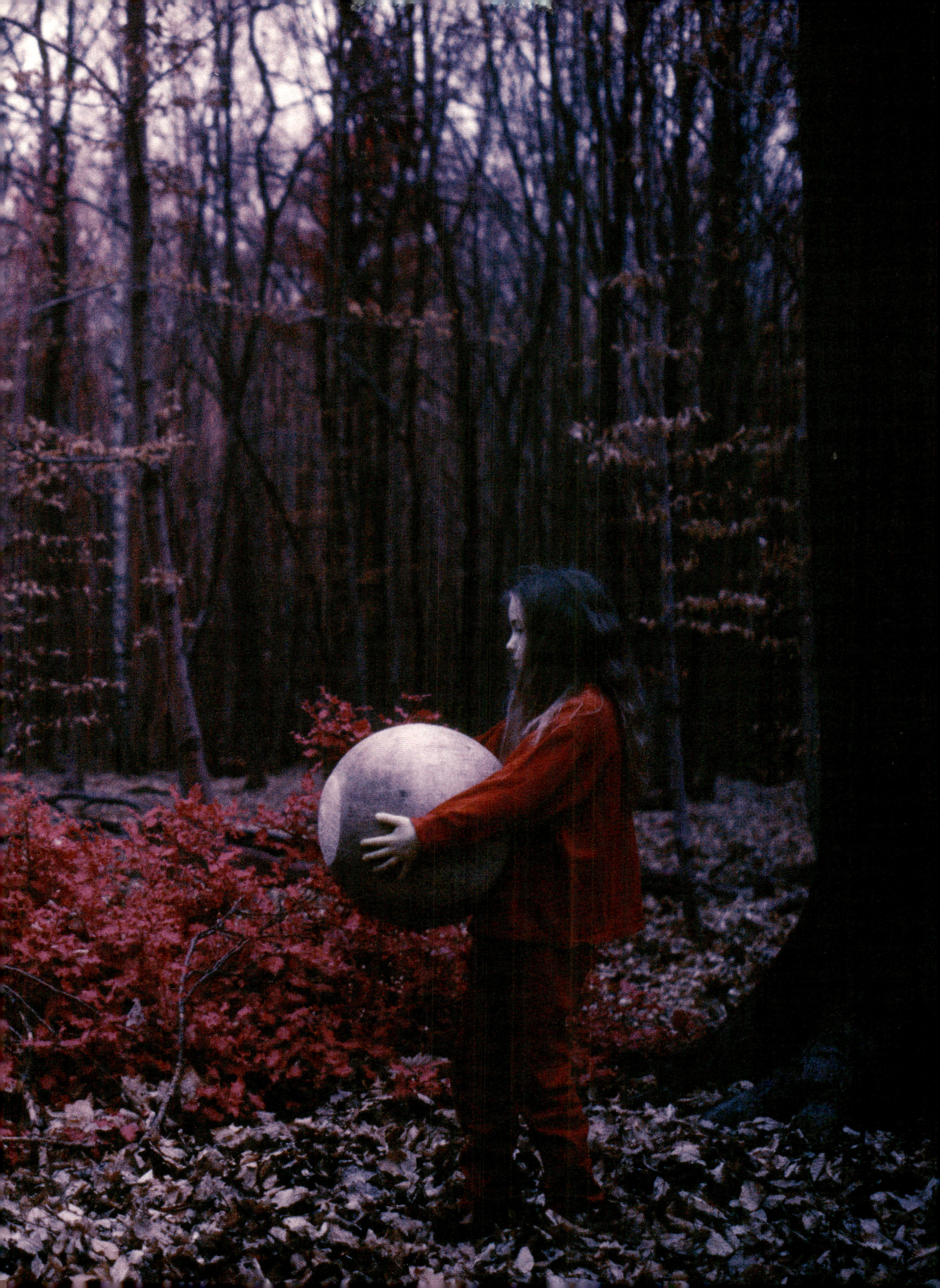

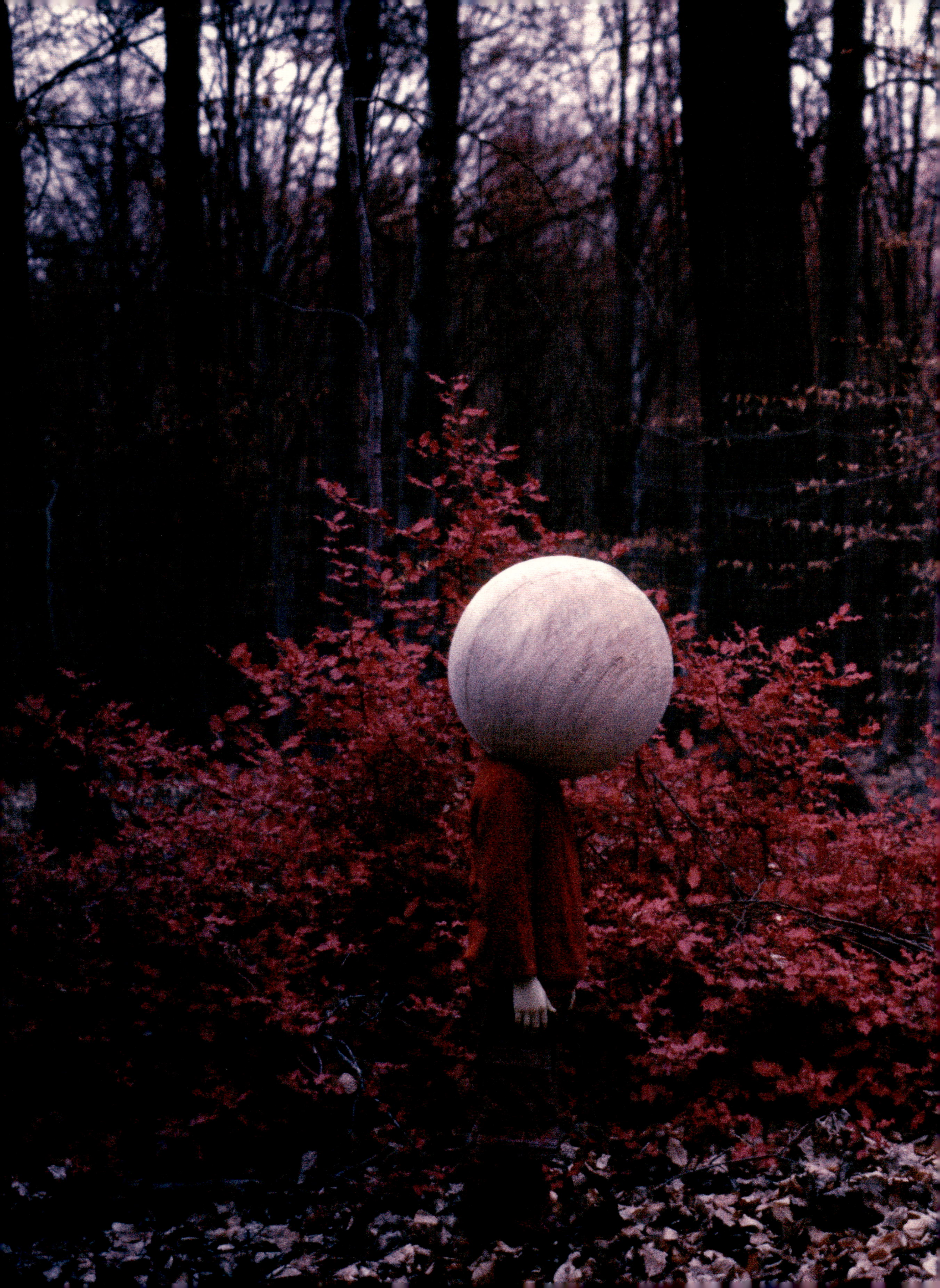

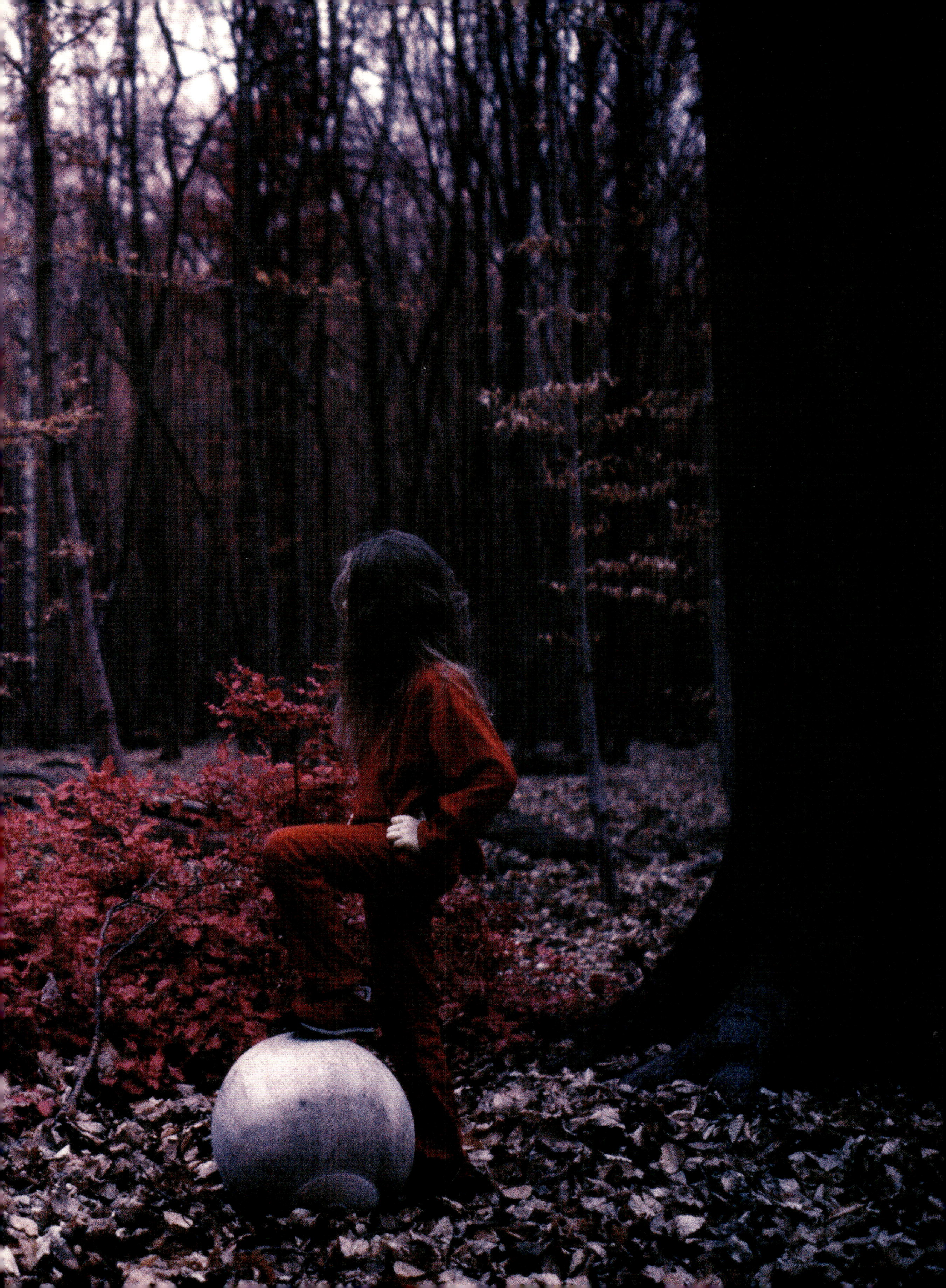

Von Monden und Pillendrehern #4, 2003

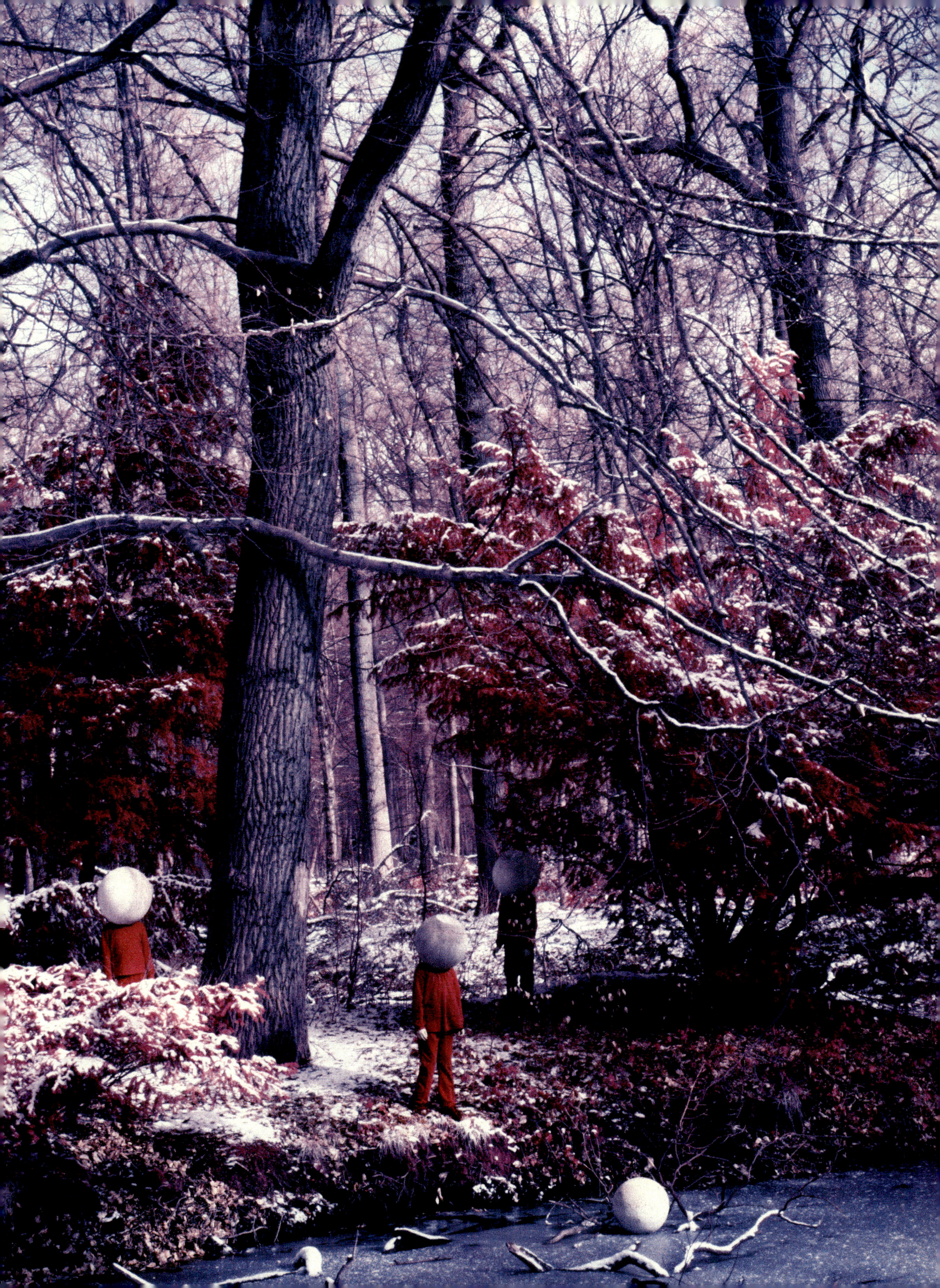

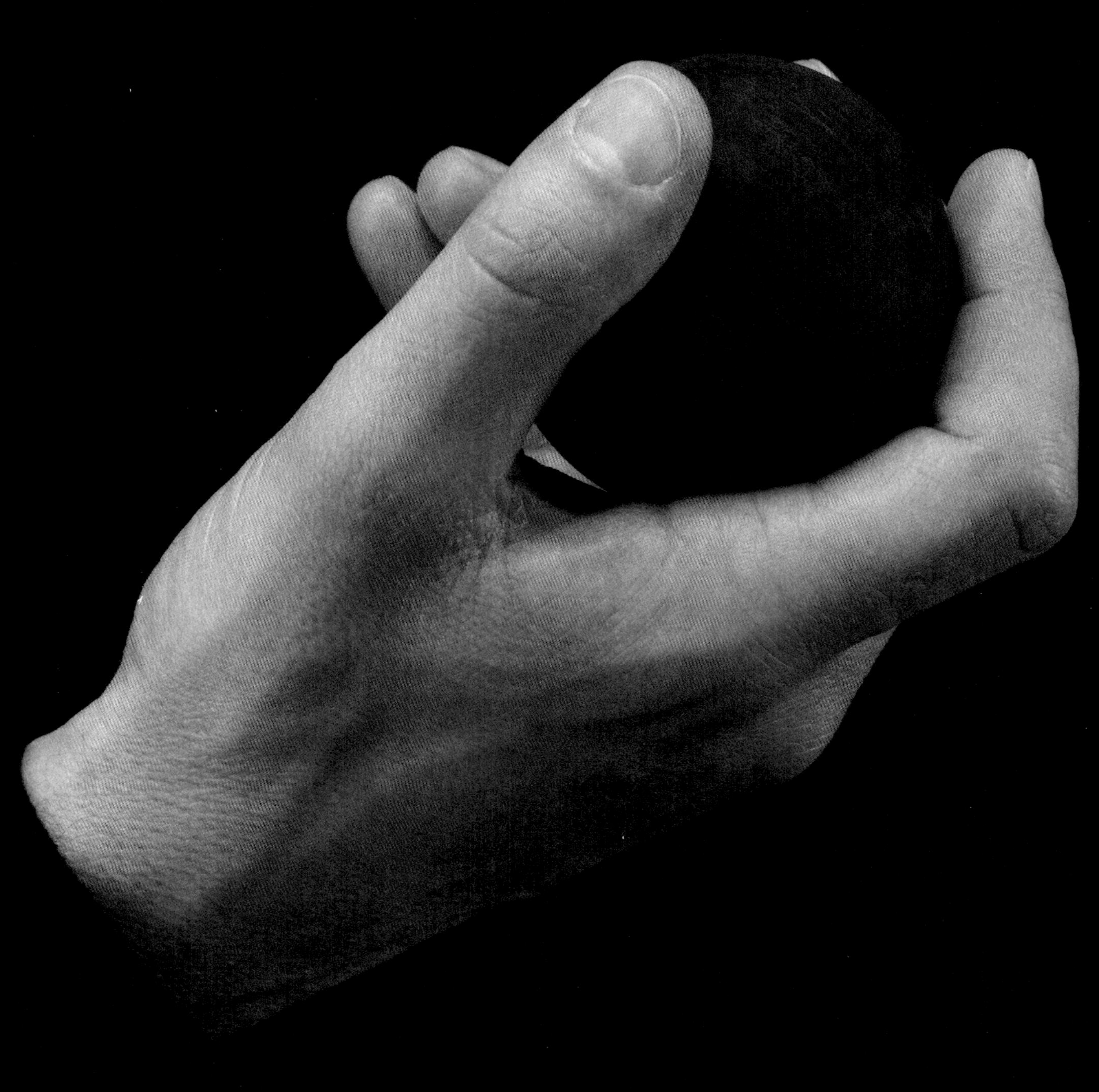

Absent Presence

Zwischen Baum und Rhizom

Christa-Maria Lerm Hayes

Baum und Mensch teilen sich die Vertikale, worin die Tendenz gründen mag, Bäume zu anthropomorphisieren. Hier liegt auch der Ursprung der Skulptur: Fand man Äste, die auf unheimliche Weise menschlichen Gestalten ähnelten, verehrte man sie als Gottheiten und errichtete ihnen Altäre. Sie werden *Xoana* genannt, und sie gingen den von Menschen geformten Götterbildern voraus.[1] In der christlichen Kunst ist der Baum wiederum nicht von ungefähr dem Menschen gleichgesetzt, in der Typologie ist der Baum der Erkenntnis aus dem Paradies derjenige, der – im Baum Jesse weitergewachsen – auf Golgatha aufgerichtet wurde und an dem Jesu Arme und Finger wie Äste und Zweige erscheinen.

Christoph Loos' Serien *Absent Presence* und *Die Magnetographen* gründen auf der Idee der *chain of being*. Bei den Alchemisten, in der Romantik und in der Moderne liebte man solche universalistischen Verbindungen.

Caspar David Friedrich identifizierte oft den einsamen Baum mit dem einsamen Betrachter sowie mit dem Maler, ob innerhalb oder außerhalb des Bildes. Friedrich und C. G. Carus interessierten sich auch sehr für die Megalithkultur und die in Irland nachfolgende der Kelten – weshalb es ein Glücksfall ist, daß Loos' Werke in Dublin gezeigt werden können. Man meint fast Steinkreise zu sehen, wenn auf einem Photo eine Gruppe im Kreis sitzt.[2] Es ist auch, als sähe man die alten Bäume, die den Druiden heilig waren und unter denen sie ihre Rituale praktizierten: Baum und Mensch haben ein besonderes Verhältnis.

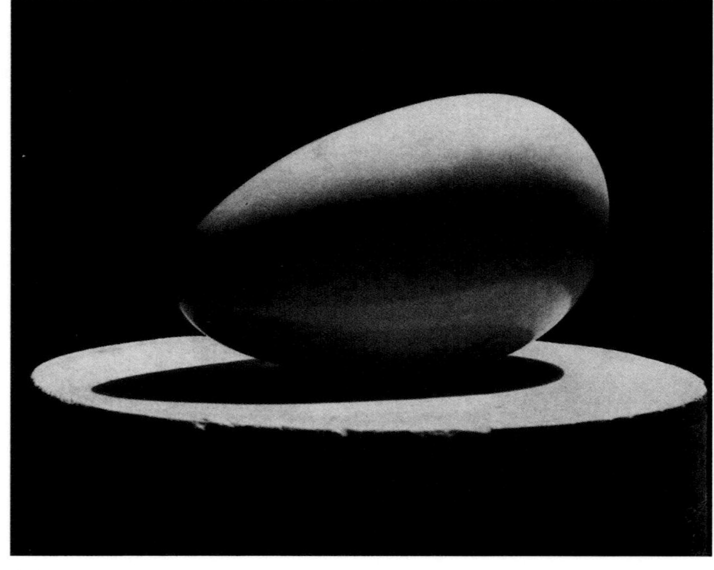

Abb. 1

Unter den Künstlern der Moderne ist in diesem Zusammenhang vor allem Constantin Brancusi zu nennen. Seine endlosen Säulen sind, so kann man sagen, anthropomorphisierte Bäume, die sich wie getürmte Köpfe oder aufeinanderstehende Menschen erheben. Holzsockel geben anderen Materialien und figurativen Menschen- und Tierformen skulpturalen Handlungsraum. Der *Ursprung der Welt*, 1916 (Abb. 1), das Ei (aus Marmor), ist eine Chiffre für all das, was entsteht und noch werden kann. Es wird auch *Skulptur für Blinde* genannt. Diese Aufforderung zum Be-Greifen, die Einbeziehung des Haptischen, tritt auch bei Loos' Hommage an Brancusi zum Vorschein – wenngleich die skulpturale Präsenz des Holzes bei Loos, der zuvor immer Holz als Skulptur/Druckstock/Druckfläche/Bild zeigte, nicht mehr gegeben ist. *(A.) Anfang einer Welt (für C.B.)* zeigt mit der Frau im Profil, die ein Brancusi-ähnliches ‚Ei' auf dem Kopf trägt, eine große Vielfalt an Oberflächenstrukturen in Haaren, Blattwerk und im Hintergrund.

Photographen wie Paul Nash haben sich in den frühen 1930er Jahren für *Xoana* (oder zumindest für geformte Äste) interessiert, während James Joyce Photographien von angeschwemmtem, interessant geformtem Holz neben Skulpturen des Holzsammlers Brancusi in der Pariser Avantgarde-Zeitschrift *transition* publizierte – als visuelle Begleitung und Erklärung seiner eigenen literarischen Vorgehensweise in *Finnegans Wake*.[3]
Joyce war es auch, der bereits die *chain of being* und den (alchemistischen) Metempsychoseprozeß sowie die Reinkarnation nach theosophischer oder anderer Manier nicht nur fruchtbar nutzte, sondern auch verballhornte. Metempsychose wird zu „met him pike hoses" (übersetzt in etwa als: „traf ihn Heugabel-Hose"), und in der „Proteus"-Episode des *Ulysses* (S. 41) findet sich eine umgekehrte Version des Fortschritts und der Verfeinerung des Geistes, an die damals noch so viele glaubten: „*God becomes man becomes fish becomes barnacle goose becomes featherbed mountain*".[4]

Wenn bei Loos dann Baum und Mensch tatsächlich mit Hilfe eines dünnen Kupferdrahtes als verbunden erscheinen, spielt er mit der (Un)Sichtbarkeit von Energie (Kupfer ist ein guter elektromagnetischer Leiter). Gleichzeitig aber wird der Baum festgehalten – als könne er weglaufen. Oder ist es der Mensch, der nicht mehr fortkommt von den Energien, die er aus dem Baum empfängt? Leitet der Baum gar kosmische Kräfte auf den mit ihm verbundenen Menschen? Kann es hier sogar gefährlich werden?

Kupferdraht, Bäume und die Wärme, die Loos auf den Infrarotfilm bannte, lassen den Hinweis auf Joseph Beuys zwingend erscheinen. Energien sichtbar zu machen war auch sein Anliegen, das sich in den Zeichnungen oft in so feinen Linien niederschlägt (Abb. 2), wie sie hier in den Magnetographen die Kupferdrähte formen. Photographie war auch ein wichtiger Bestandteil von Beuys' Œuvre. Besonders die Photos von Ute Klophaus scheinen auf die frühe, körnige Geister-, Mediums- und Magnet-Photographie anzuspielen; doch war die Energie, um die es Beuys doch gerade ging, die Wärme, die er als soziale Kraft interpretierte, in seinen Schwarzweißbildern nicht darzustellen.

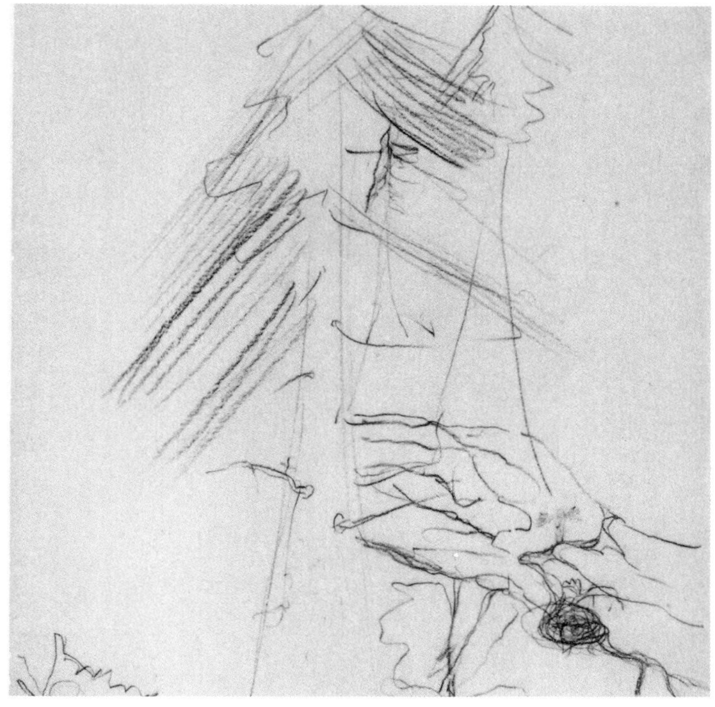

Abb. 2

Infrarotphotographie schließt genau diese Lücke und bringt dabei etwas zutage, das wiederum auf Beuys verweist: ‚seine' Farbigkeit. Das bräunliche Rot (*Braunkreuz*), das quasi Beuys' Markenzeichen ist, finden wir bei Loos vielfach variiert. Auch die Farbigkeit ist vielschichtig motiviert: Die Akteure sind einheitlich rot gekleidet, das Blattwerk bekommt einen herbstlich roten Schein, als sei das Licht durch Herbstlaub gefiltert. Der Farbton läßt an Verfall denken, auch wenn die Blätter jung sind oder die Landschaft gar schneebedeckt ist. Man wird an Beuys' Alchemie-inspirierte Gegenbilder erinnert, wo das Grau keine ‚Nichtfarbe' ist, sondern den Regenbogen evoziert. Ebenso kann man sagen, daß das gewalttätige Rot des Blutes und des Zorns gleichzeitig Wärme und (wie Beuys es selbst oft in etwas romantischer Weise formulierte) die Liebe bedeuten soll. Farbigkeit bei Loos deutet an, daß es sich nicht um ‚die Wirklichkeit' handelt. Ebenso hatte bereits Caspar David Friedrich für die *Zwei Männer in Betrachtung des Mondes*, 1819/20, Dresden (Abb. 3), die Nacht in unwahrscheinlich gesteigertes Orange und Grün getaucht: Farben, die für

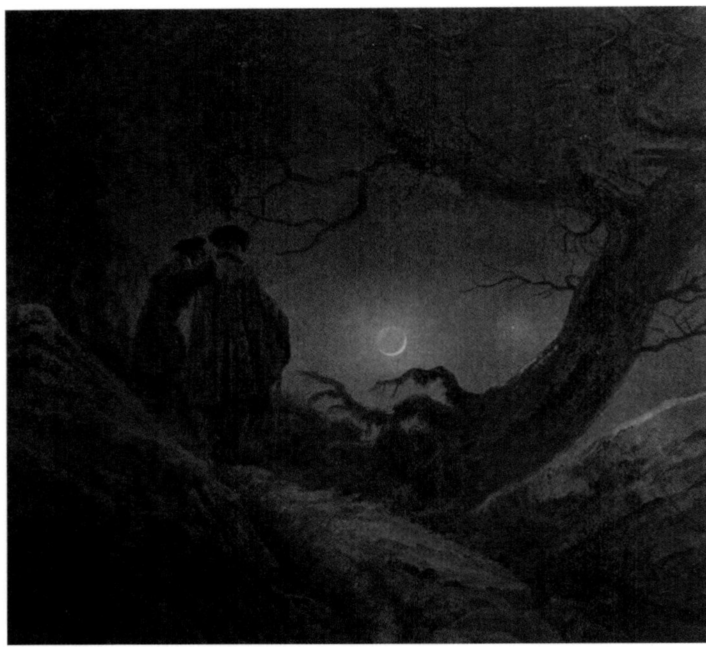

Abb. 3

eine Mondnacht eigentlich zu warm sind. Sie generieren eine Atmosphäre, die durchsetzt ist mit einem unbestimmten Geist. Farbe ist hier die Spur einer unsichtbaren Kraft.

Nichts ist so, wie es beim ersten Hinsehen erscheint. Loos zitiert Novalis' Diktum von der *„unendlichen Ferne der Blumenwelt"*, um sein Verhältnis zur Pflanzenwelt auszudrücken. In seinen Werken wird Empathie spürbar, wenn Mensch und Baum eine Einheit eingehen, doch Kupferdraht suggeriert auch scheinbar unüberwindliche Ferne, die wenn überhaupt nur mit einem Hilfsmittel wie Draht zu überbrücken ist.

Der Einfluß der Romantik bedeutet für Loos nicht nur Seelenverwandtschaft mit der Natur, sondern auch eine humorvolle, ironische Distanzierung. Wie schon Beuys vor ihm, nimmt Loos seine Materialien ernst, aber nicht (wie Beuys) wörtlich.

Dieser subtile, aber eindeutige Humor wohnt Loos' Werken inne, wenn sie an New-Age-Motive erinnern, wie sie in den 1960er und -70er Jahren beliebt waren und in Lucy Lippards *Overlay: Contemporary Art and the Age of Prehistory* von 1983 verfolgt wurden. Gleichwohl wahrt er eine Art respektvoller Distanz zur Natur, die nicht zu vereinnahmen ist, und sichert sich so seine unabhängige, kommentierende, zeitgenössische Position.

Wie erst Miroslav Balka Beuys in der Skulptur wörtlicher nahm, als dieser es selbst getan hatte und seinen Skulpturen Wärmeelemente (Stäbe oder filzbedeckte ‚Wärmflaschen') hinzufügte, steuert Loos die Wärme photographisch durch Infrarotfilm bei. Bei seinen Infrarotphotographien überschneiden sich zwei Betrachtungseffekte: der Eindruck von Surrealität und der ironischer Brechung.

Hier ist an Anna und Bernhard Blume zu erinnern, die den Themenbereich Geister, Levitation etc. für ein zeitgenössisches Publikum humorvoll aufbereitet haben. Bei Loos erfolgt ironische Brechung allzu starrer Ernsthaftigkeit durch Farbe, Gesten und Posen: Haare sind angeknotet, ein Junge steht im Baum, beim Erklettern ergibt sich ein ‚Umarmen' des Stammes, und Bäume und/oder Akteure sind mit Hilfe eines Kupferdrahtes verbunden (wie Hand und Insekt in Max Ernsts *Beim ersten klaren Wort*, 1923, Abb. 4). Es ist den Betrachtern freigestellt zu entscheiden, ob sie dies als empathisch-ökologisch oder humorvoll verstehen wollen.

Eine ähnliche Offenheit ergibt sich bei der Serie von Werken, in denen ein Spiegel am Baum lehnt, diesen einerseits teilweise verdeckt und andererseits um sein Verborgenes ergänzt: Da er das Geäst eines gegenüberstehenden Baumes spiegelt, ist es, als werde der Wurzelstock sichtbar, das unterirdische Double der Baumkrone. Im seitenverkehrten Spiegelbild scheint zugleich Naturgesetzliches in Frage gestellt – es ist, als wende der Baum sich von der Sonne ab, deren Licht sich zudem im Spiegel bündelt, als konzentriere sie sich auf diesen einen Baum.

Die jüngste Arbeit in der Serie *Absent Presence (Dernier Espace avec Extrospecteur,* 2006, S. 71*)* erweitert das Thema der Bäume, fügt das der Entwurzelung hinzu und zeigt einen Darsteller, der sich in der Aushöhlung unter einem Wurzelteller einnistet. Gefahr und Geborgenheit werden gleichermaßen ausgedrückt. Kunsthistorisch verweist Loos somit auf Werke der *Earth Art* aus den 1970er Jahren. Ana Mendieta beispielsweise thematisierte die Weiblichkeit der Leben hervorbringenden Erde – der ‚Mutter Erde' – dadurch, daß sie sich skulptural und performativ eingrub, mit Blumen und Pflanzen bedeckte und sich wie ins Erdreich eingesunken zeigte.

Nach Gilles Deleuze und Félix Guattaris *Rhizom*[5], Teil des *Anti-Ödipus*, haben Rhizome den intellektuellen Fokus – beispielsweise in der Psychoanalyse – vom hierarchisch verstandenen Stammbaum der Familie abgewendet und unserem Denken über die Natur neue Impulse gegeben. Denn Denken in biologischen Kategorien (oder das Biologistische) war vom Faschismus eingenommen worden. Das Rhizom taugt, anders als das hierarchische Bild des Baums, im digitalen Zeitalter zur Erklärung des Vernetzten, globalisierten Lebens um ein Vielfaches besser. Für Christoph Loos ist Holz nicht mehr bloßes Bildhauermaterial, sondern Bedeutungsträger. Der Wurzelstock, auch Rhizom genannt, der Ursprung des Baumes, taugt

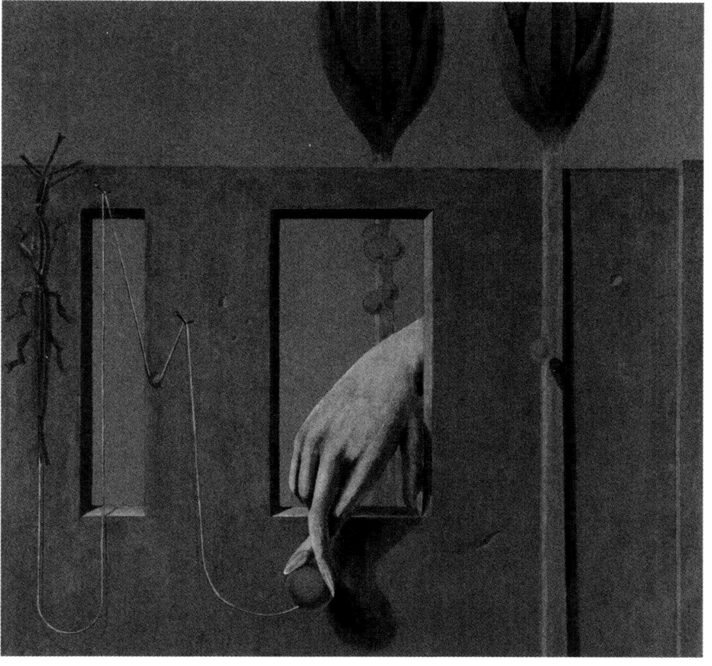

Abb. 4

als Bild für die Entwicklung von Loos' Werk im Hinblick auf Vorgehensweisen und Materialien. Gilles Deleuze und Félix Guattari haben das Rhizom als Paradigma für sich entdeckt und es zu einem Kernbegriff der poststrukturalistischen Philosophie entwickelt. *„Ein Rhizom kann an jeder beliebigen Stelle gebrochen und zerstört werden; es wuchert entlang seiner eigenen oder anderen Linien weiter ... Jedes Rhizom enthält Segmentierungslinien, nach denen es geschichtet ist, ... aber auch Deterritorialisierungslinien, auf denen es unaufhaltsam flieht. Jedesmal wenn segmentäre Linien in eine Fluchtlinie explodieren, gibt es Bruch im Rhizom, aber die Fluchtlinie ist selbst Teil des Rhizoms. Diese Linien verweisen ununterbrochen aufeinander.“*[6] Die Lebenskraft innerhalb der Natur, die sich am Rhizom besonders offenbart, und seine figurative Übertragung auf kuratorische und künstlerische Praktiken wurden fruchtbar für die (Über)Lebensweisen von Kunst in der postmodernen Welt: *„Das Kunstwerk ‚macht Rhizom' mit der Welt ... Weisheit der Pflanzen: Auch wenn sie Wurzeln haben, gibt es immer ein Außen, wo sie ‚Rhizom machen' – mit dem Wind, mit einem Tier, mit dem Menschen ...“*[7] Genau dies ist es, was Christoph Loos in seinen Werken erlebt, wenn sie von einem auf das andere kommen, also zwischen den Genres Skulptur, Druck, Performance und Photographie nomadisieren, und was er für die Betrachter festhält.

Indem Christoph Loos sich auch dem Wurzelwerk des Baumes widmet, macht er uns aufmerksam auf so vieles: Der entwurzelte Baum löscht die Hierarchie von Oben und Unten, aus beidem entwickelt sich das Leben, schlagen Äste wie Wurzeln[8]. Auch kann man die Arbeit am entwurzelten Baum als Aufruf verstehen, die Entwurzelungen, die allenthalben stattfinden, durch eine entsprechende Geste der Kunst und frei nach Paracelsus, Gleiches mit Gleichem zu heilen – eine romantische Geste für die Gegenwart.

[1] David Freedberg: *The Power of Images: Studies in the History and Theory of Response.* Chicago, London 1989, S. 34, 35. Sie sind auch in den Schriften Winckelmanns zu finden.

[2] Wenn man dann allerdings erfährt, daß es sich um junge Japaner handelt, ist der Verweis eher einer auf Zen-Gärten.

[3] Christa-Maria Lerm Hayes: *Joyce in Art: Visual Art Inspired by James Joyce.* Foreword: Fritz Senn, envoi: James Elkins, design: Ecke Bonk. The Lilliput Press Dublin 2004, S. 13–22. Auf Deutsch in einer früheren Fassung: Christa-Maria Lerm Hayes. *James Joyce als Inspirationsquelle für Joseph Beuys.* Hildesheim, Zürich, New York 2001, S. 280–283. Zu Brancusi innerhalb dieses Themenbereiches: Christa-Maria Lerm Hayes: *Erweiterte Kunstgeschichte: Carola Giedion-Welcker, Joyce und Brancusi bei Joseph Beuys.* Dazwischen: Renate Buschmann, Marcel René Marburger, Friedrich Weltzien (Hg): *Die Vermittlung der Kunst,* Festschrift für Antje von Graevenitz. Köln 2005, S.121–132.

[4] Ebda., S.41f. Es geht hierbei um Gott, der zum Menschen wird und weiterhin zum Fisch, einer Gans und einem Federbettenberg metamorphosiert. Dementsprechend haben in dieser Episode auch Gegenstände und vor allem das Meer ihre eigene Sprache.

[5] Deleuze, Gilles; Guattari, Félix: *Rhizom*, Berlin 1977.

[6] Deleuze/Guattari, a.a.O. S. 16.

[7] Ebda S. 19.

[8] So steht er eher für die Ellipse: Martin Roman Deppner (Hg): *Denkbild Ellipse: Jüdische Identität in Kunst und Kunstwissenschaft*, Loccum 1998.

Between Tree and Rhizome

Christa-Maria Lerm Hayes

Human beings and trees share their verticality, a fact that may contribute to our tendency to anthropomorphise trees. This is also where the origin of sculpture lies: when branches were found that resembled human figures in uncanny ways, one used to revere them as gods and erected altars and sanctuaries for them. They were called *xoana*, and they preceded images of deities that were formed by man.[1] In Christian art, the parallels between tree and man are also not just coincidential. In typology, the tree of knowledge from Paradise is the one that grew to become the tree of Jesse, was then erected on Golgotha and on which Christ's arms and fingers appeared like branches and twigs.

Loos based the *Absent Presence* and *The Magnetographs* series on the idea of the *chain of being*. The alchemists, in Romanticism and during the Modernist era, once loved such universalist connections: Caspar David Friedrich often identified a lonely tree with a solitary viewer, or indeed with himself, both inside and outside of the work. Friedrich and C.G. Carus were also very much interested in megalithic culture and the one subsequent to it in Ireland, that of the Celts. This is why it is particularly fortuitous that Loos' works can be shown in Dublin. What appears, in one photo, to be a circle of stones is a group of people seated in a circle[2]. It is also like witnessing the Druids performing their rituals under old trees that were holy to them: tree and man have a particular – also a ritualistic – relationship.

Among the Modernist artists working on such themes, Constantin Brancusi needs to be mentioned first and foremost in this context. His Endless Columns are, one could perhaps say, anthropomorphised trees, where figures seem to be standing on one another, or heads are piled one above the other. Wooden plinths function as the basis for other materials and set the scene for human or animal figures. In *The Origin of the World* (1916, Fig. 1), the (marble) egg is a cipher for all things that are in a state of becoming and those that may still develop. Its alternative title is *The Sculpture for the Blind*. This invitation to

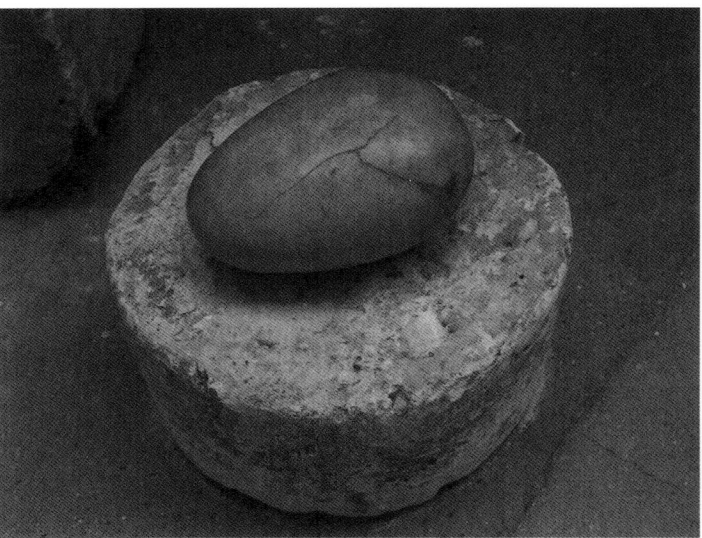
Fig. 1

touch, the inclusion of the haptic, also emerges in Loos' homage to Brancusi, even though Loos does not now, as previously, include the timber as sculpture, printing block, print or image. *(A.) Beginning of a World (for C.B.)* shows a great variety of surface structures in the leaves, the background and the hair of the woman in profile, who is carrying a Brancusi-like 'egg' on her head.

Photographers like Paul Nash were interested in the *xoana* (or at least in peculiarly shaped branches) in the early 1930s, while James Joyce had photos of driftwood pieces published beside those by the wood collector Brancusi in the Paris avantgarde magazine *transition* – as visual accompaniment and explanation of his own literary procedure in *Finnegans Wake*[3]. It is also Joyce, who not only fruitfully used the ideas of a *chain of being*, the (alchemist) process of metempsychosis, as well as reincarnation (following theosophical and other models), but also ridiculed them. Metempsychosis metamorphoses to "met him pike hoses", and in the "Proteus" episode of *Ulysses* (p. 41), we find an inverted version of the progress and refinement of human nature, in which many of Joyce's contemporaries still believed: "*God becomes man becomes fish becomes barnacle goose becomes featherbed mountain*"[4].

If in Loos' work tree and man are, indeed, connected by means of a piece of thin copper wire, he plays with the (in)visibility of energy (copper is a good electromagnetic conductor). Simultaneously, however, the tree is being held – as if it could run away. Or is it the human being who can no longer escape from the energies which she or he receives from the tree? Does the tree even conduct cosmic powers to the human being connected with it? Can this situation even be dangerous?

Copper wire, trees and the warmth that Loos has banned onto infrared film let a reference to Joseph Beuys seem inevitable. He also wished to render energies visible, and this is manifest in many of his drawings' fine lines (Fig. 2), as it is here in the Magnetographs' copper wires. Photography was also an important part of Beuys' œuvre. Especially the ones taken by Ute Klophaus seem to refer to the early, grainy images of ghosts, mediums and magnetic fields. However, the energy that was of particular importance to Beuys was warmth, which he interpreted as social power – and this could not be depicted in the black-and-white photos. Infrared photography closes exactly this gap and brings something to light that yet again refers to Beuys: 'his' colours. The brown-red (*Braunkreuz*) that is a quasi trademark of Beuys', we find in Loos' work in many variations. This colouring, too, comes with many layers of meaning: The characters are dressed uniformly in red, leaves take on a red, autumnal sheen, as if the light was filtered through coloured leaves, even though the leaves may be young or the landscape is even covered in snow. One is

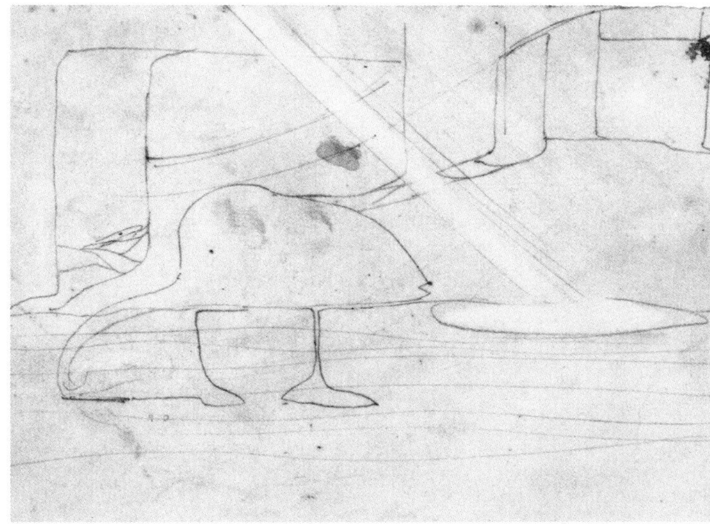

Fig. 2

reminded of Beuys' alchemy-inspired 'counter-images', where grey is not a 'non-colour', but evokes the rainbow. Similarly, one can say that the violent red of blood and scorn simultaneously means love – as Beuys himself often formulated in a somewhat romantic way. The colouring in Loos' works hints at the fact that what we see is not 'reality'.

In a similar way, Caspar David Friedrich captured the night in *Two Men Regarding the Moon* (Fig. 3) in unlikely and heightened orange and green hues, which are far too warm for a moonlit night. These colours generate an atmosphere that is steeped in an uncertain spirit. Colour becomes the trace of an invisible power.

Nothing is quite as it seems at first sight. Loos quotes Novalis' dictum on the "*infinite distance to the realm of flowers*", in order to express his complex relationship with nature. Empathy is in evidence in his works when man and tree form a single unit. However, the copper wire also suggests a virtually unbridgeable distance that can only – if at all – find a link in this fragile connection.

The relationship with Romanticism not only means for Loos a kinship with nature, but it also necessitates a humorous and ironic distancing. As Beuys before him, Loos takes his materials seriously (if not literally). This subtle but unmistakable humour is embedded in Loos' works for

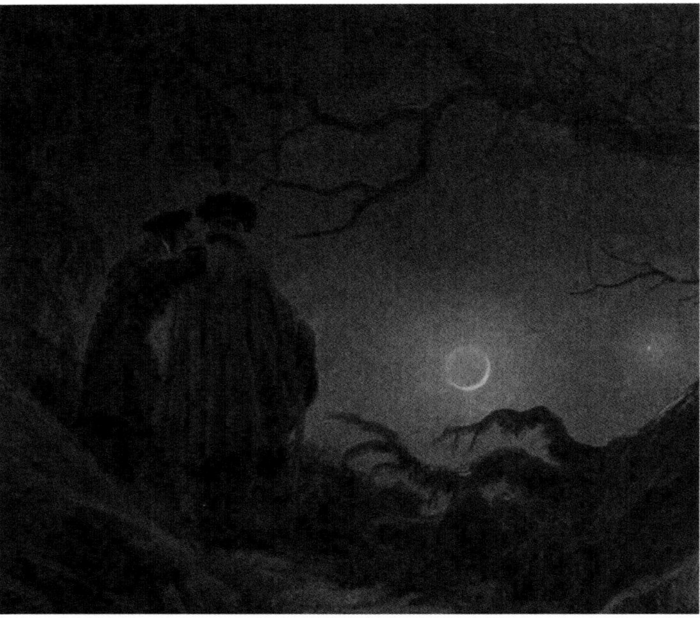

Fig. 3

instance when they evoke new-age motifs, as they were popular in the 1960s and 70s, and as Lucy Lippard has traced them in her book *Overlay: Contemporary Art and the Age of Prehistory* from 1983. Nevertheless, he keeps a respectful distance to nature, which is not allowed to take him over – or he it. Loos thus secures his own independently commenting, contemporary position.

As Miroslav Balka has taken Beuys more literally in sculpture than he himself had done, when the younger artist introduced into his sculpture heated elements (staffs or felt-covered "hot water bottles"), Loos contributed warmth photographically, through infrared film. In his infrared photographs, two elements coincide: the effect of the surreal and that of irony. Anna and Bernhard Blume come to mind, who have ironically reflected the themes of ghosts, levitation etc. for a contemporary audience. In Loos' practice, the ironic approach to anything that is too serious is visible in the colouring, gestures and poses: hair is knotted to branches, a boy stands in a tree, when climbing, a 'hugging' of the tree trunk ensues, and/or characters are attached by means of a wire (just like the hand and insect in Max Ernst's *At the First Clear Word*, 1923, Fig. 4). It is appropriately left to the viewers if they wish to view this as empathic/ecological or as humorous.

A similar openness is achieved in a series of works in which a mirror leans against a tree and covers it partially. It also completes that which is hidden: when the crown of a neighbouring tree mirrors itself, it is as if the rootstock was rendered visible – the subterranean double of the crown. In the mirrored image, natural laws seem to be questioned: it is as though the tree was turning away from the light, whose rays are bundled as if they concentrated exclusively on this one tree.

The most recent addition to the *Absent Presence* series *(Dernier Espace avec Extrospecteur,* 2006, S. 71*)* expands the theme of trees with that of unearthing roots. It shows a character who nestles into the void beneath an unearthed tree. Danger and homeliness are expressed in equal measure. Art-historically, Loos herewith refers to *Earth Art* works from the 1970s. Ana Mendieta for instance addressed the femininity of the life-giving earth, Mother Earth, by means of digging herself sculpturally and performatively into the earth, covered with flowers and plants, as if she had sunken into the ground.

Following Gilles Deleuze's and Félix Guattari's *Rhizom*[5], part of their *Anti-Oedipus*, rhizomes have shifted the intellectual focus, e.g. in psychology, away from a hierarchical understanding of a family tree to new impulses in our thinking about nature. This was necessary, because thinking in biological or biologistic categories had been instrumentalized by the Nazis. The rhizome, by contrast to the motif of the tree, seems far more appropriate in our digital age in order to explain our networked, globalized lives.

For Christoph Loos, timber is no longer purely a material for sculpture, but a bearer of meaning. The rootstock, also called rhizome, the origin of the tree, is an appropriate image for the development of Loos' work with regard to procedures, materials etc. Gilles Deleuze and Félix Guattari discovered the rhizome as a paradigm and let their post-structuralist philosophy revolve around it.

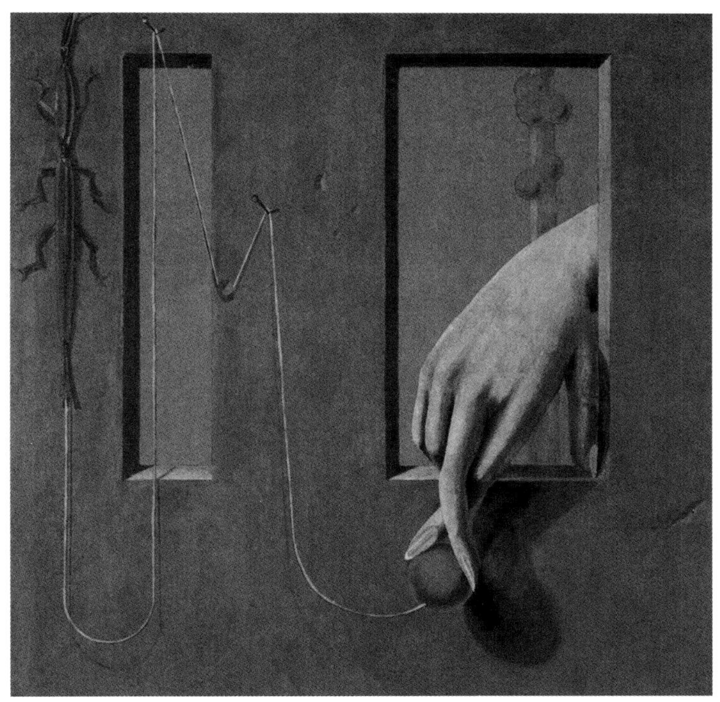

Fig. 4

"A rhizome can be severed at any point and destroyed; it will continue to grow and thrive along its own or other lines ... Every rhizome contains segmentation lines, according to which it is layered, ... but also deterritorialization lines, on which it is continuously retreating. Every time a segmentation line explodes into a flight line, a break in the rhizome ensues. However, the flight path is in itself a part of the rhizome. The lines refer to each other continuously."[6]

The power of life inside nature, which revealed itself to the authors particularly in the rhizome, it even transferred to the ways of living (and surviving) of art in the postmodernist world. The rhizome has been figuratively applied to curatorial and artistic practices: An artwork "*'makes rhizome' with the world ... Wisdom of plants: even when they have roots, there is always an outside, where they 'make rhizome' – with the wind, with an animal, with human beings*"[7]. This is what Christoph Loos experienced in his work, when it proceeds from one element to another, i.e. when it became nomadic and moved between the genres of sculpture, printmaking, performance and photography. These experiences, he has captured for the viewers.

By turning his attention to the rootstock of trees, Christoph Loos thus highlights several things: the uprooted tree abolishes the hierarchy of top and bottom of the trunk, as both generate new growth: roots and branches.[8] One can also understand the work surrounding the uprooted tree as a call to heal the constantly occurring uprooting (of lives) by a complementary gesture. This could loosely be based on Paracelsus' belief that one can heal an ailment with something similar – a gesture of contemporary Romanticism.

[1] David Freedberg: *The Power of Images: Studies in the History and Theory of Response*, Chicago, London 1989, pp. 34, 35. They also occur in Winckelmann's writings.

[2] When one finds out, however, that these people are Japanese youths, the reference is more to Zen gardens.

[3] Christa-Maria Lerm Hayes: *Joyce in Art: Visual Art Inspired by James Joyce*, Dublin 2004, p. 13–22. Concerning Brancusi within the realm of this topic, see: Christa-Maria Lerm Hayes, *Erweiterte Kunstgeschichte: Carola Giedion-Welcker, Joyce und Brancusi bei Joseph Beuys*. Dazwischen: Renate Buschmann, Marcel René Marburger, Friedrich Weltzien (eds.): *Die Vermittlung der Kunst,* Festschrift für Antje von Graevenitz, Cologne 2005, pp.121–132.

[4] James Joyce, *Ulysses*, Hans Walter Gabler et al (eds.), London 2001 (orig. 1922). In accordance with this metamorphosis, other objects like rocks and especially the sea have their own language in this episode of *Ulysses*.

[5] Gilles Deleuze and Félix Guattari: *Rhizom*. Berlin 1977.

[6] Ibid., p. 16. (Own translation).

[7] Ibid., p. 19.

[8] It thus stands more properly for the ellipse. See: Martin Roman Deppner (ed.): *Denkbild Ellipse: Jüdische Identität in Kunst und Kunstwissenschaft*, Loccum 1998.

Absent Presence #1, 2003

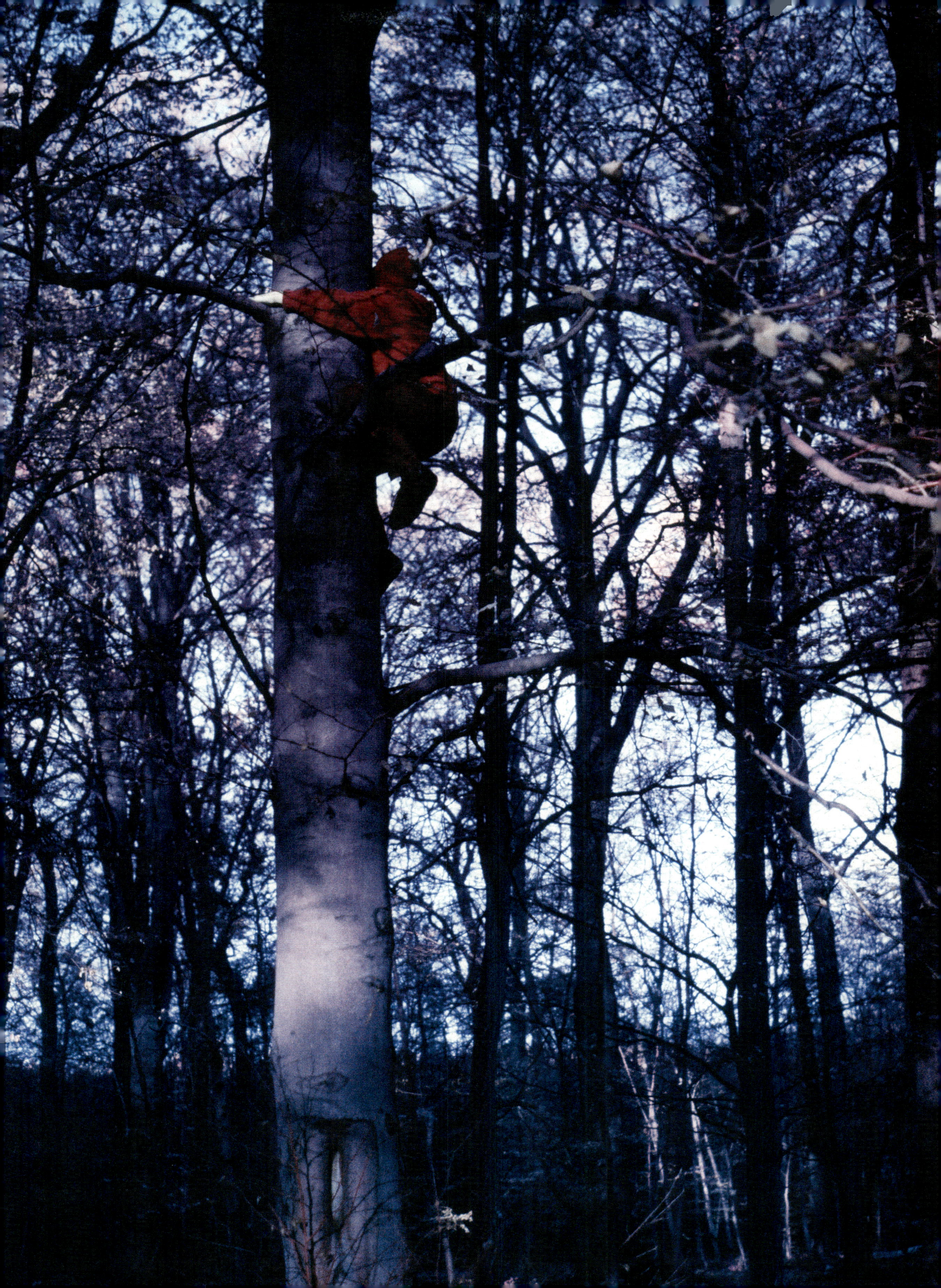

Absent Presence #2, 2003

Absent Presence #3, 2003 S. 50/51

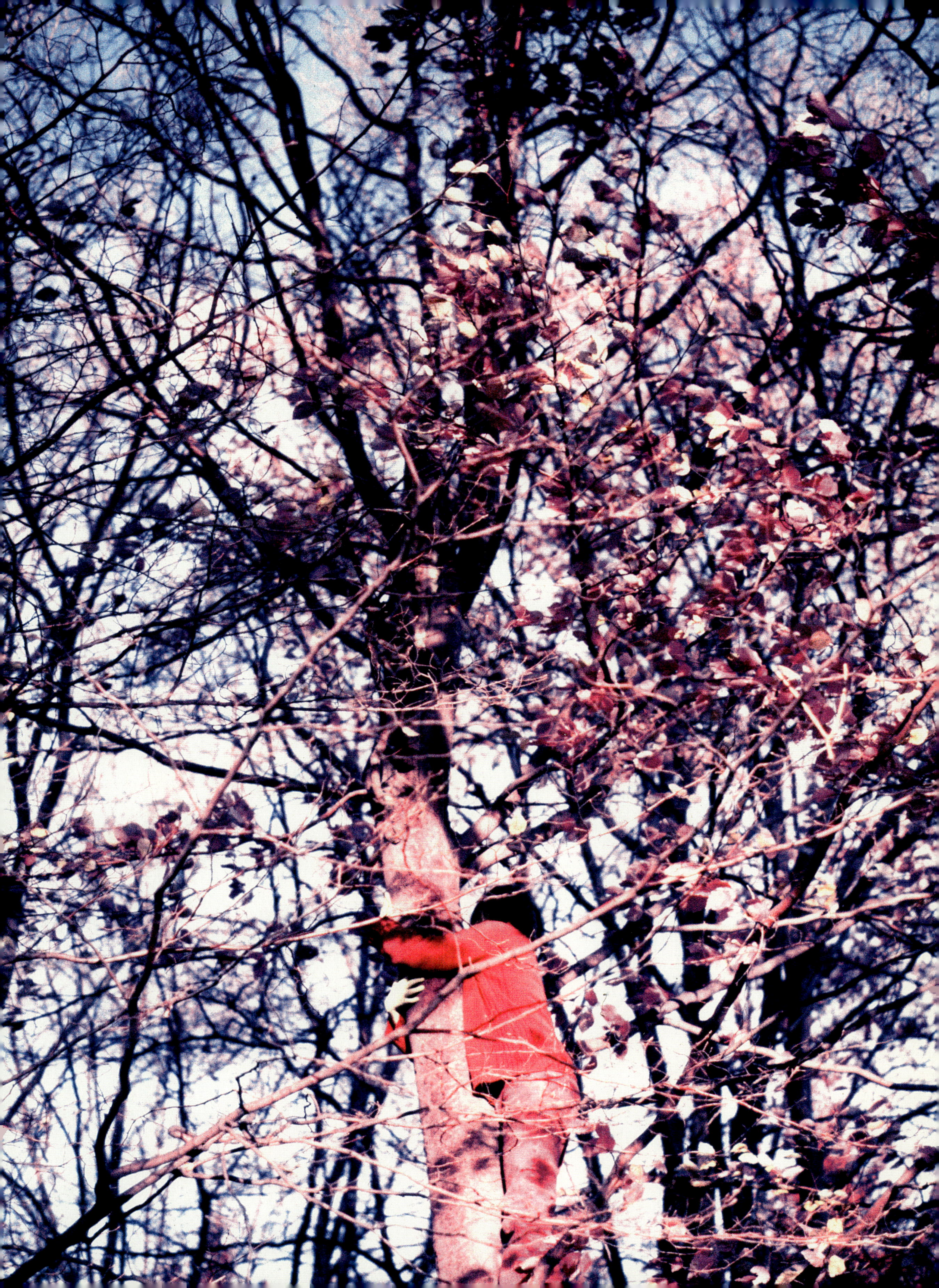

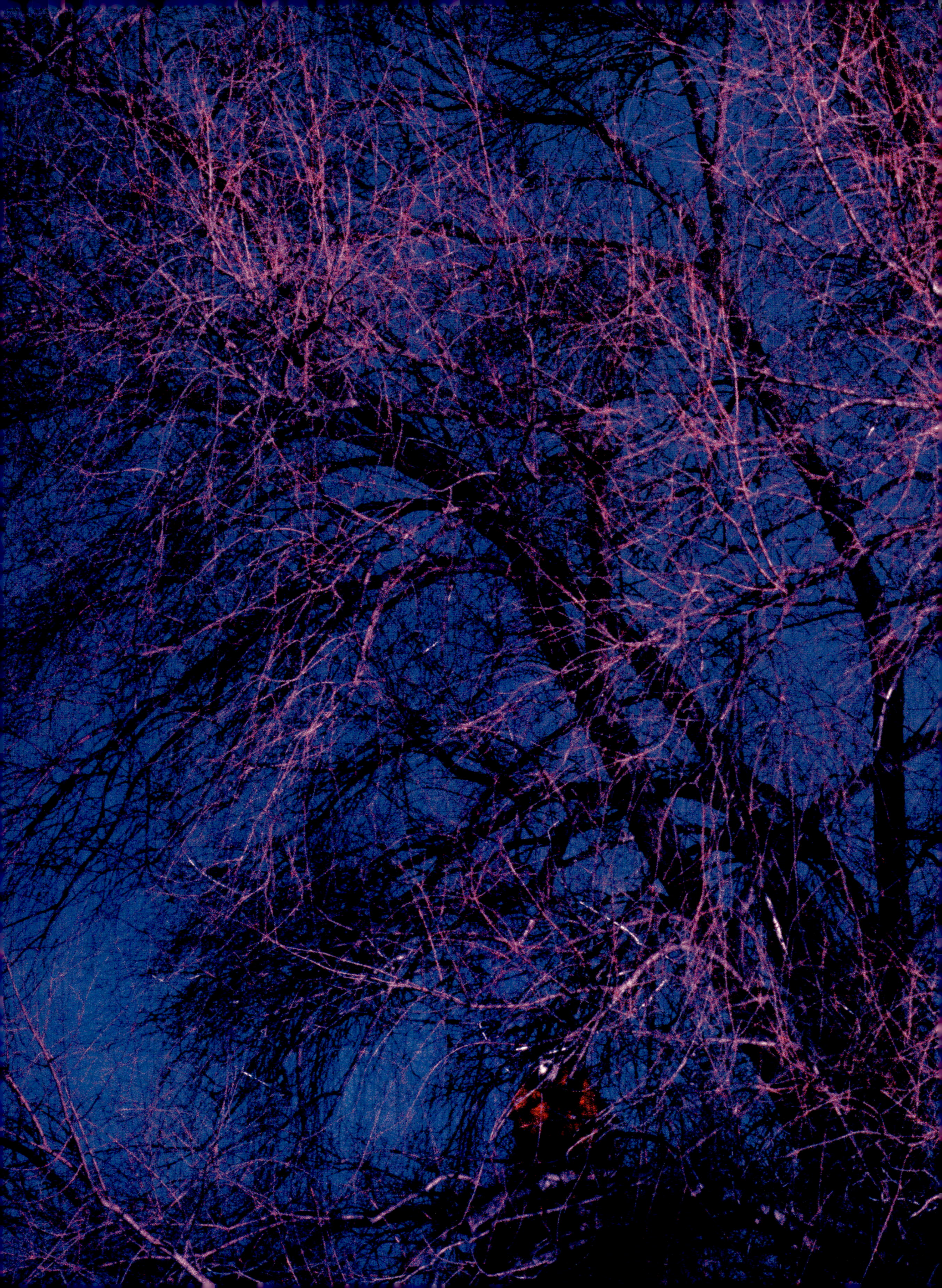

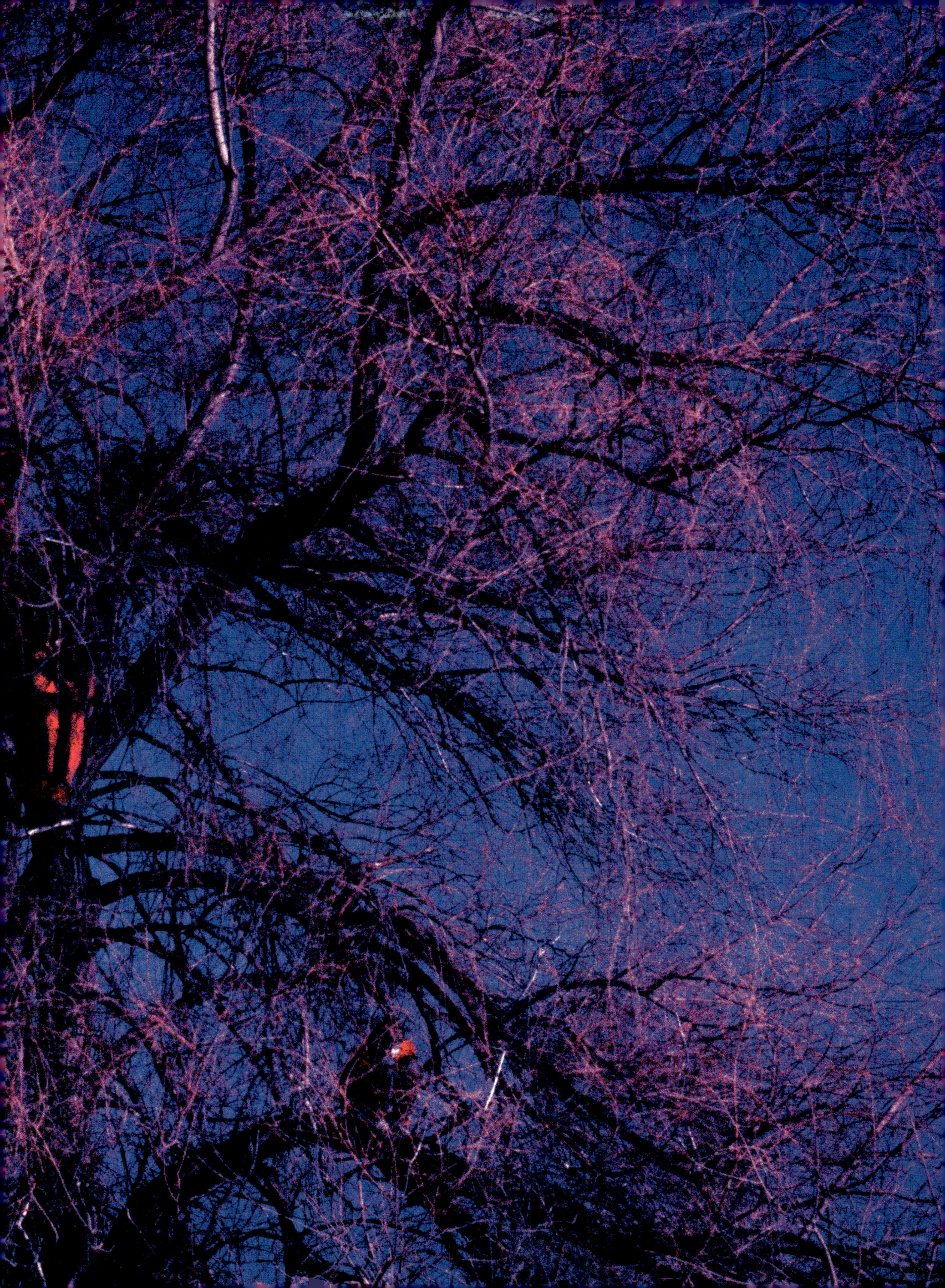

Absent Presence #4, 2003

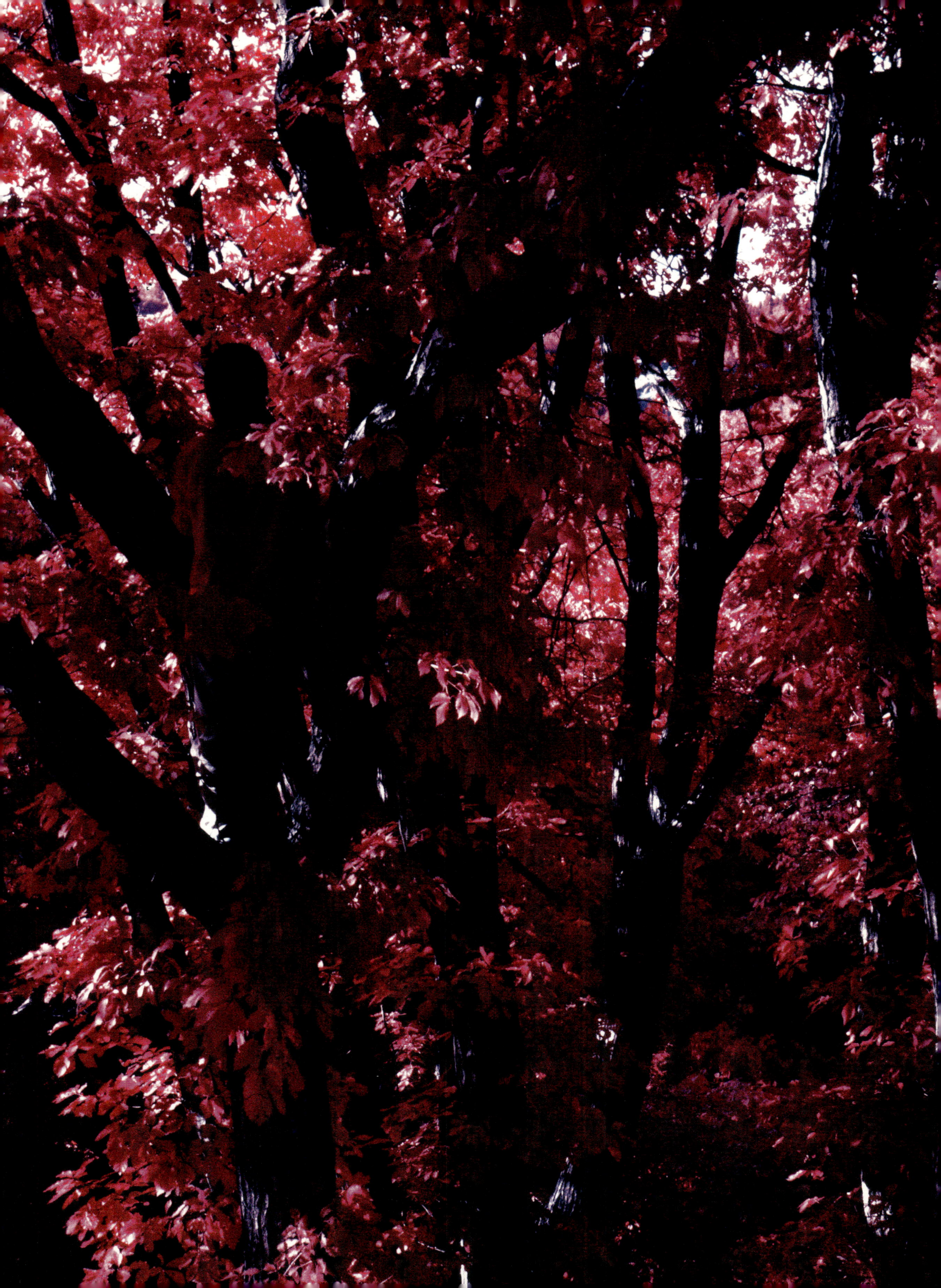

Absent Presence #5, 2003

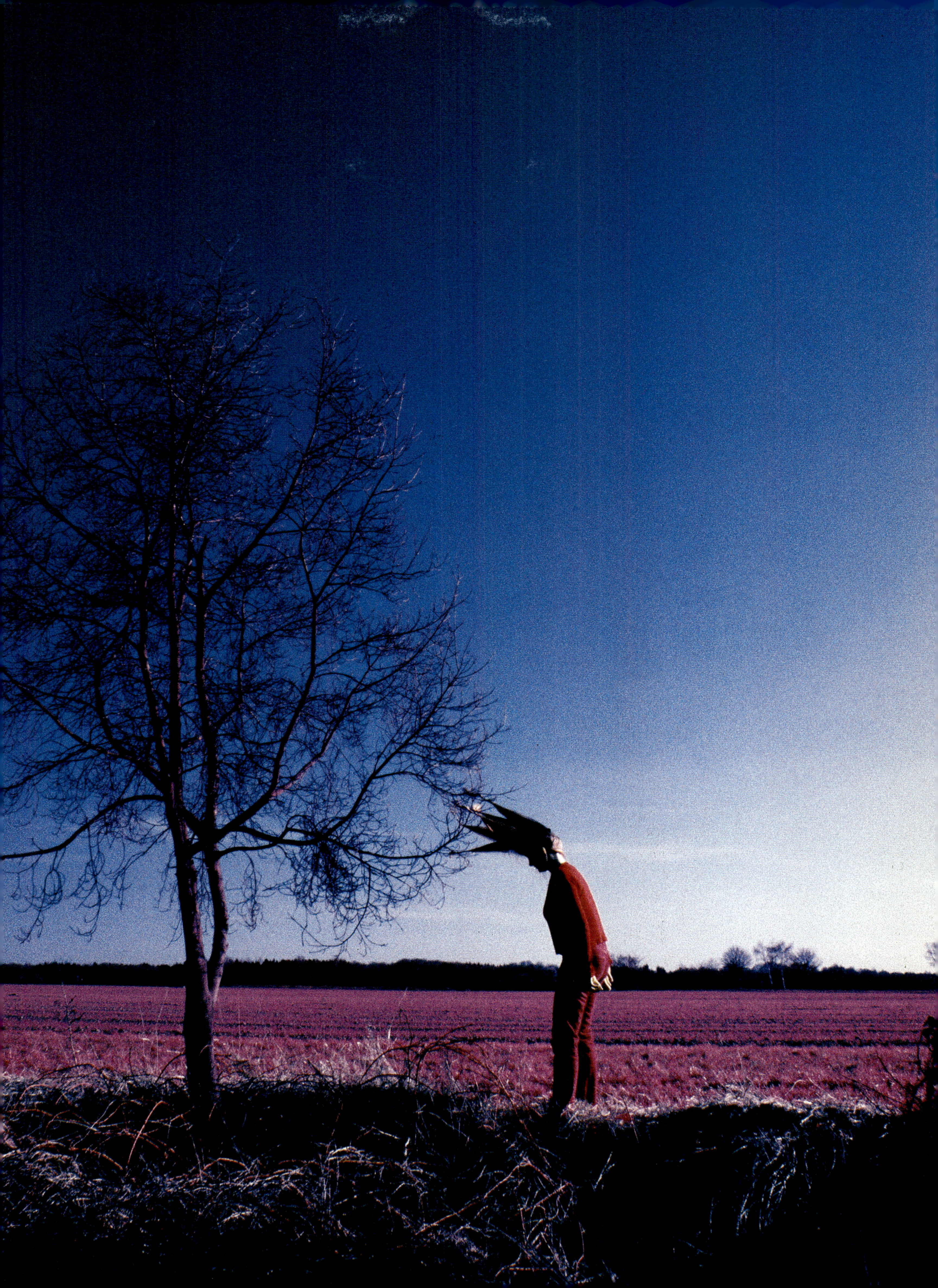

Absent Presence #6, 2004

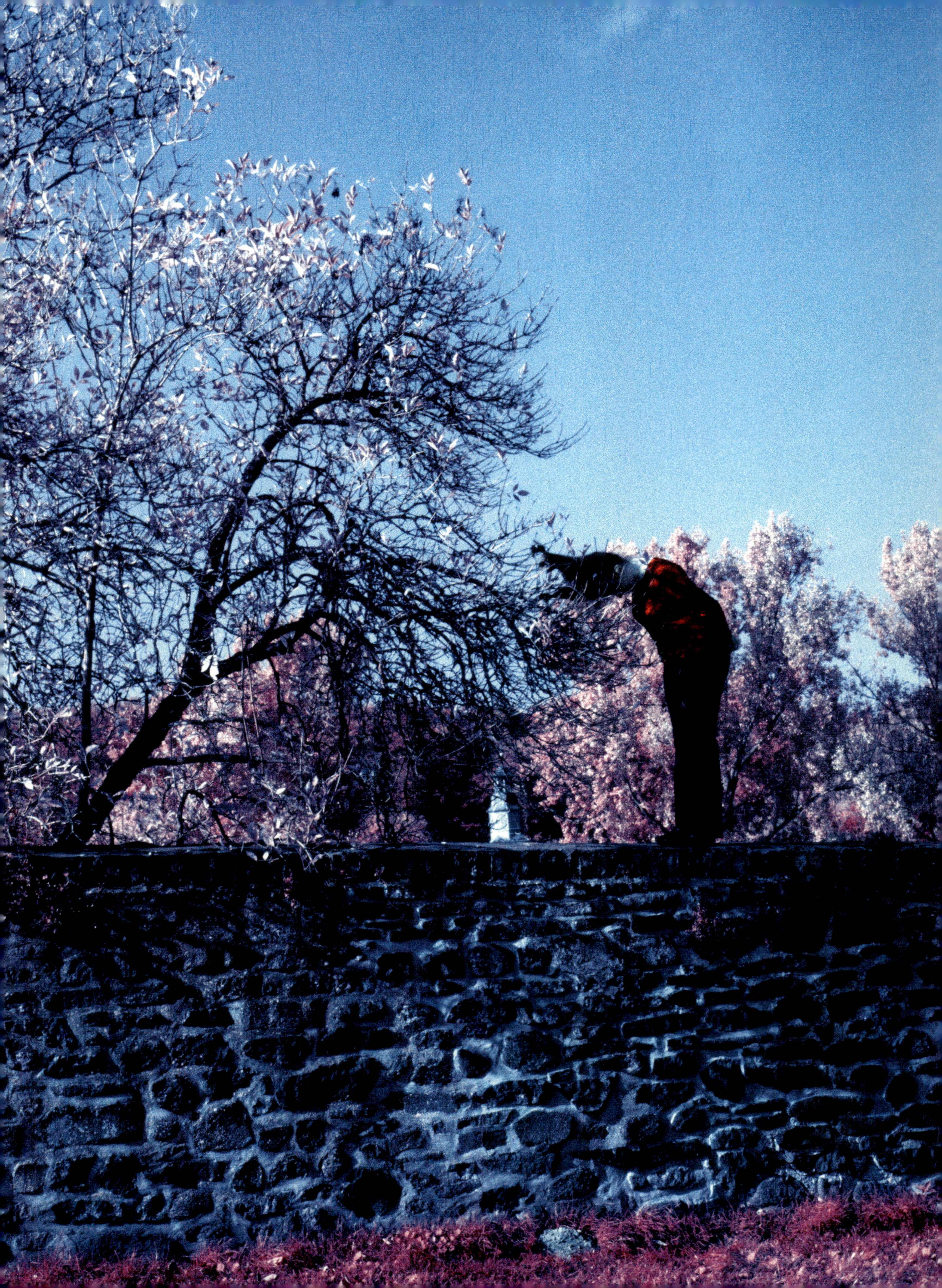

Absent Presence #7, 2004

Die Magnetographen #1–#4, 2004–2005 S. 60–67

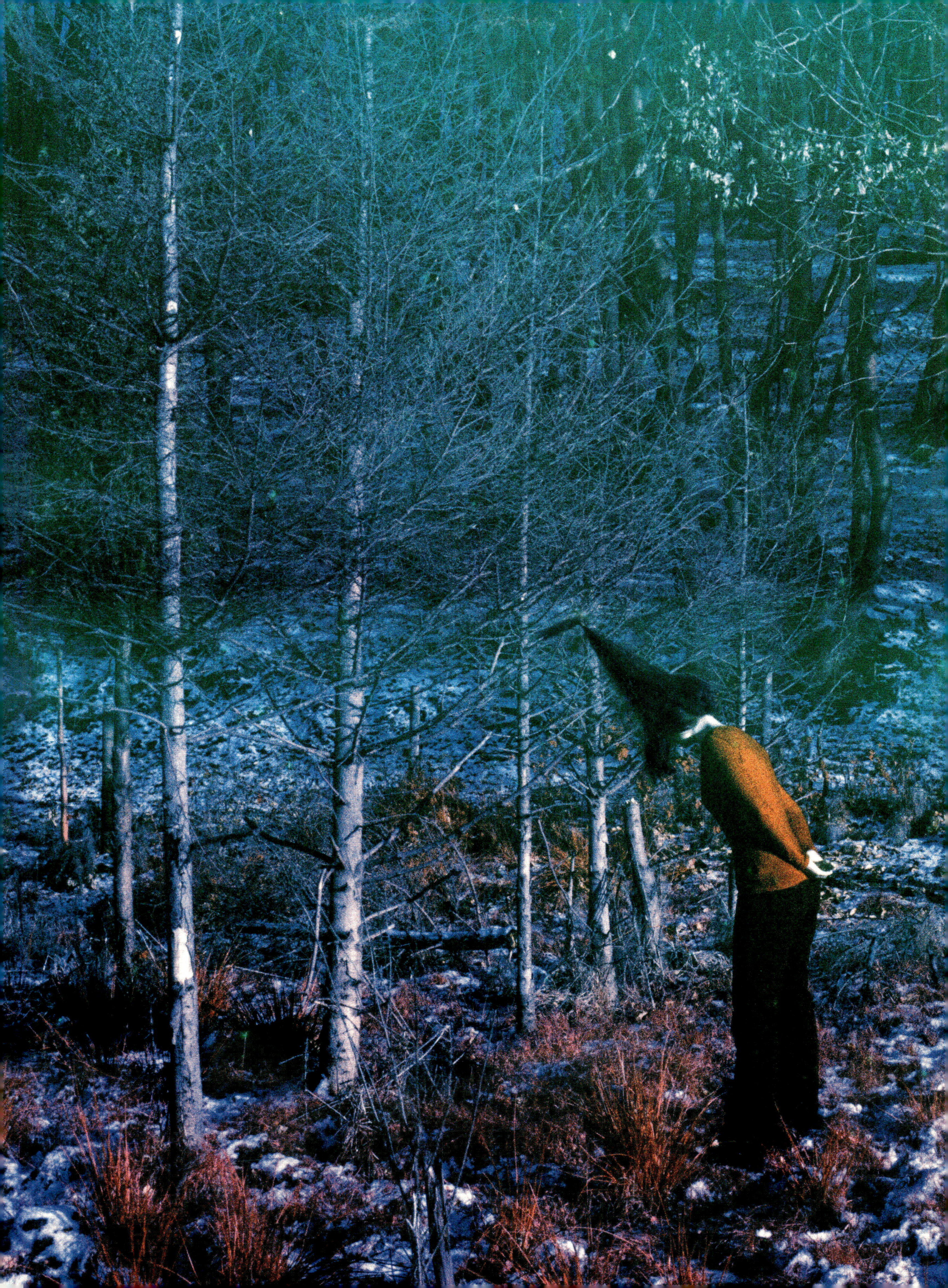

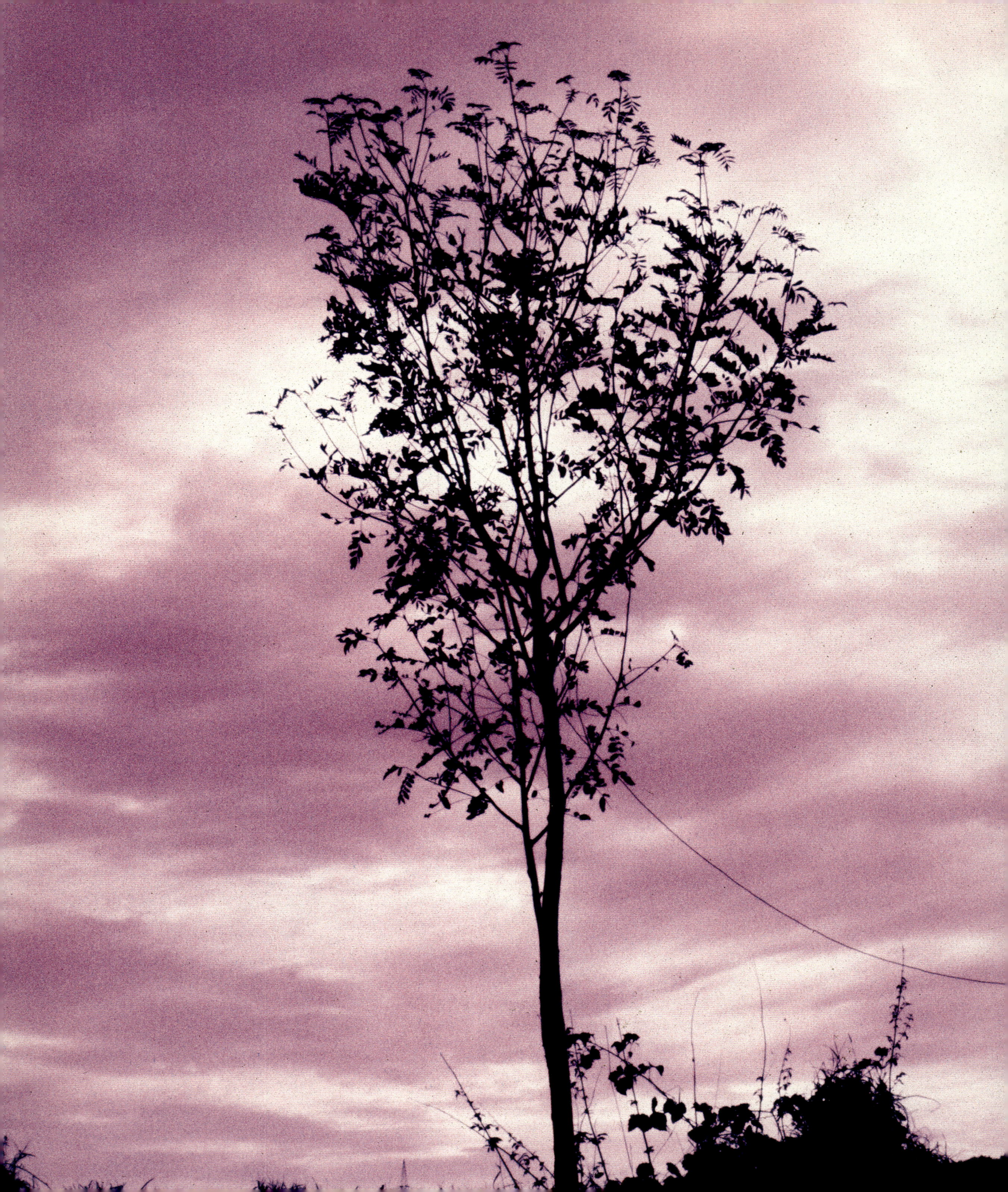

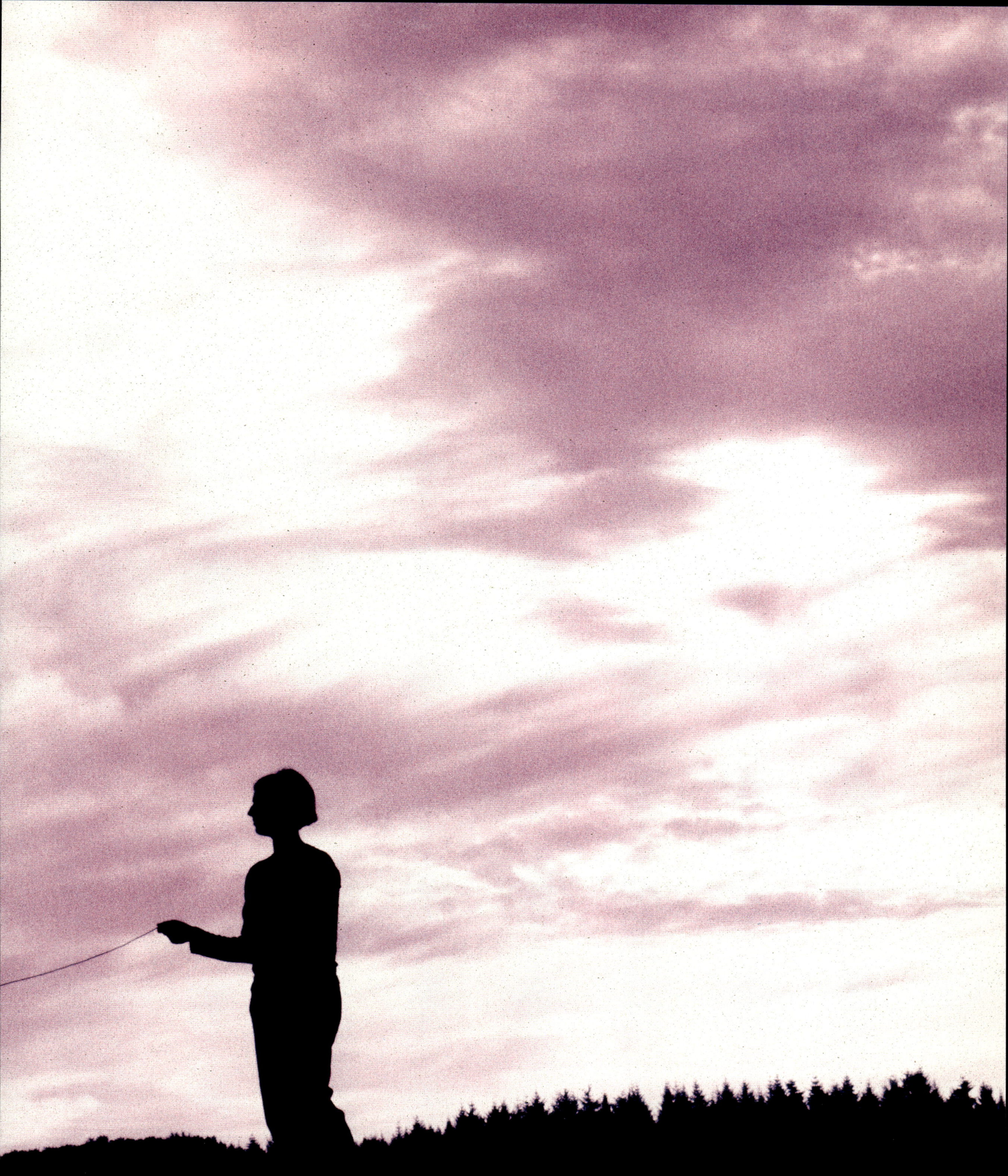

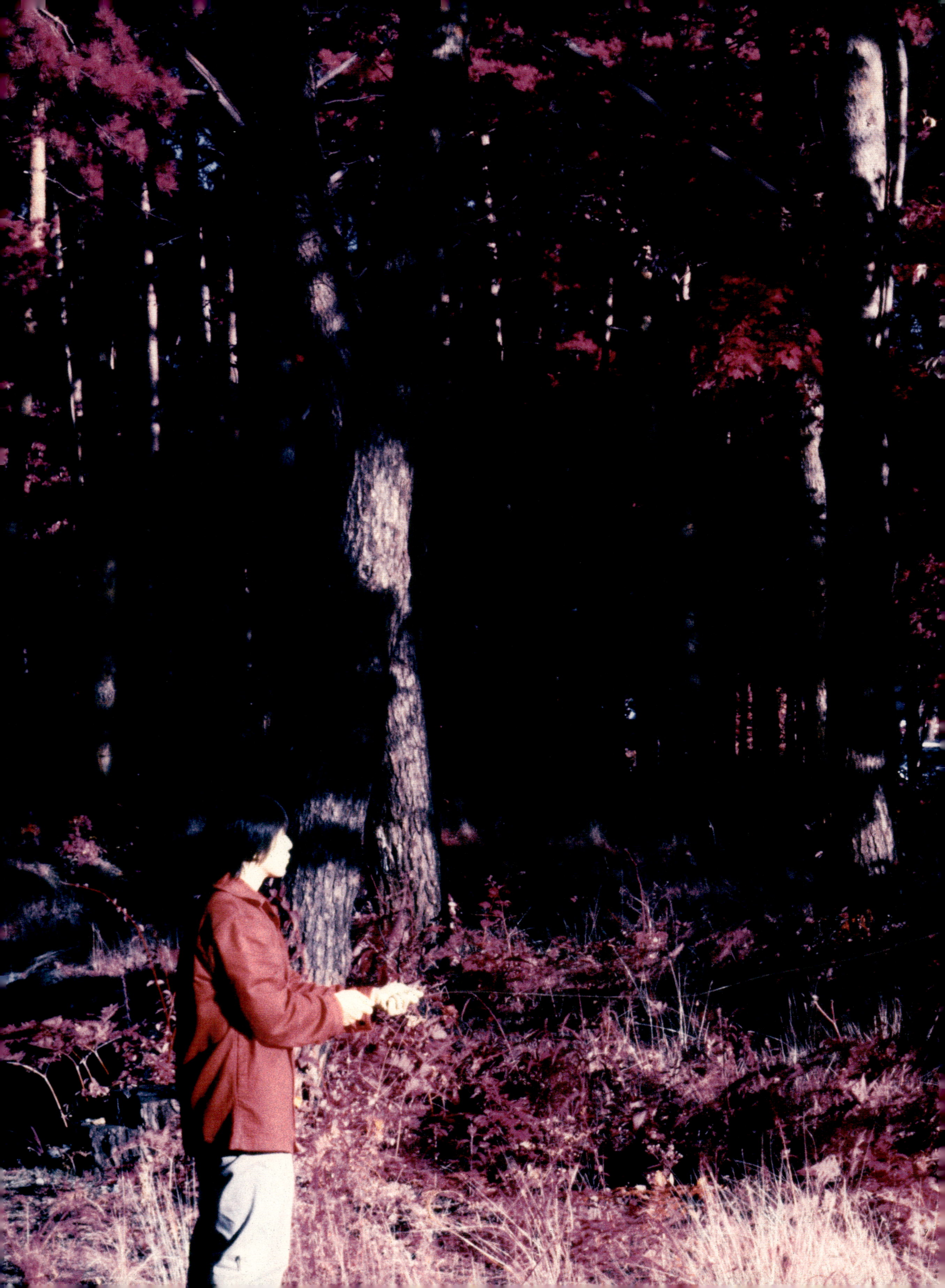

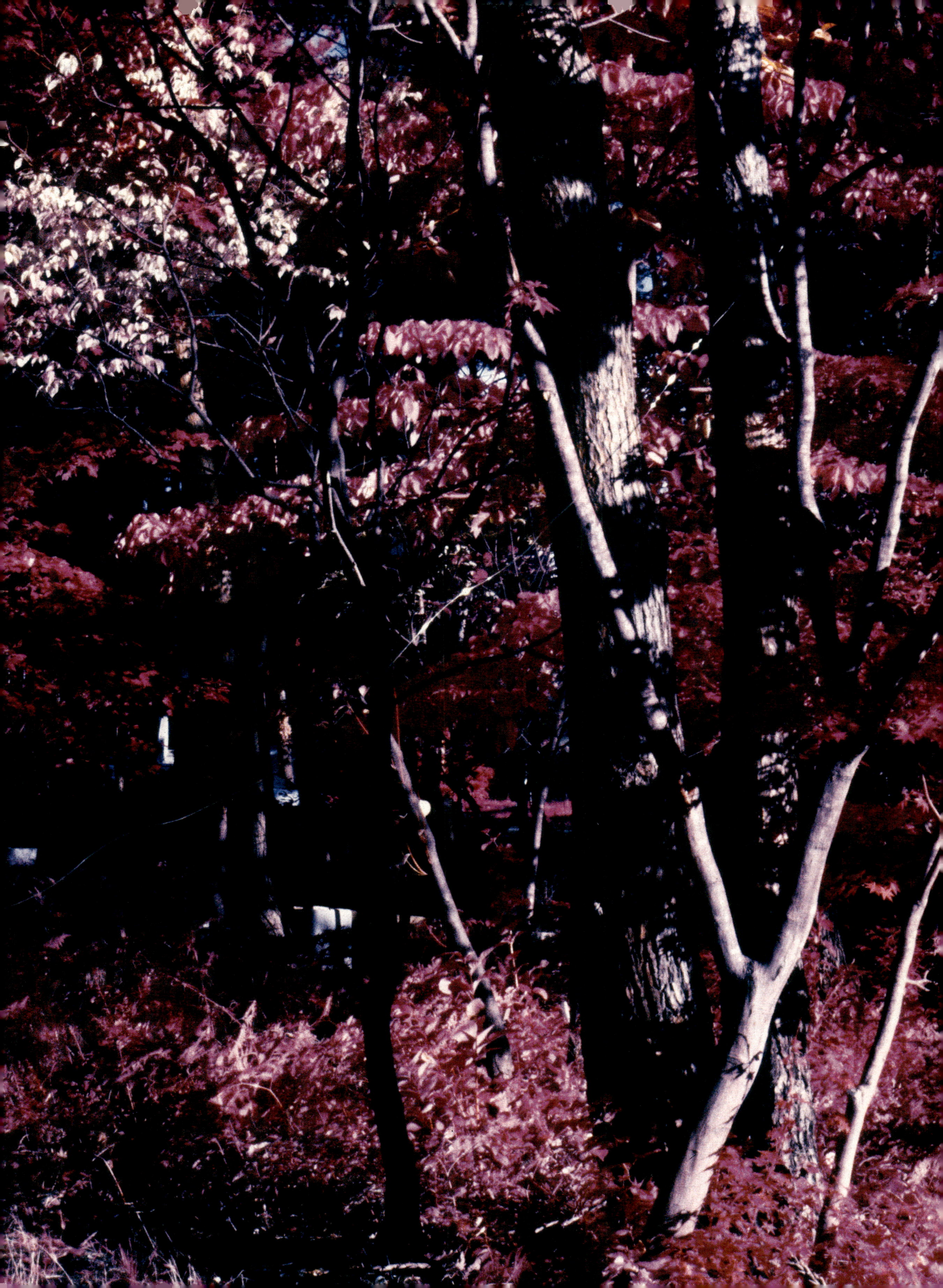

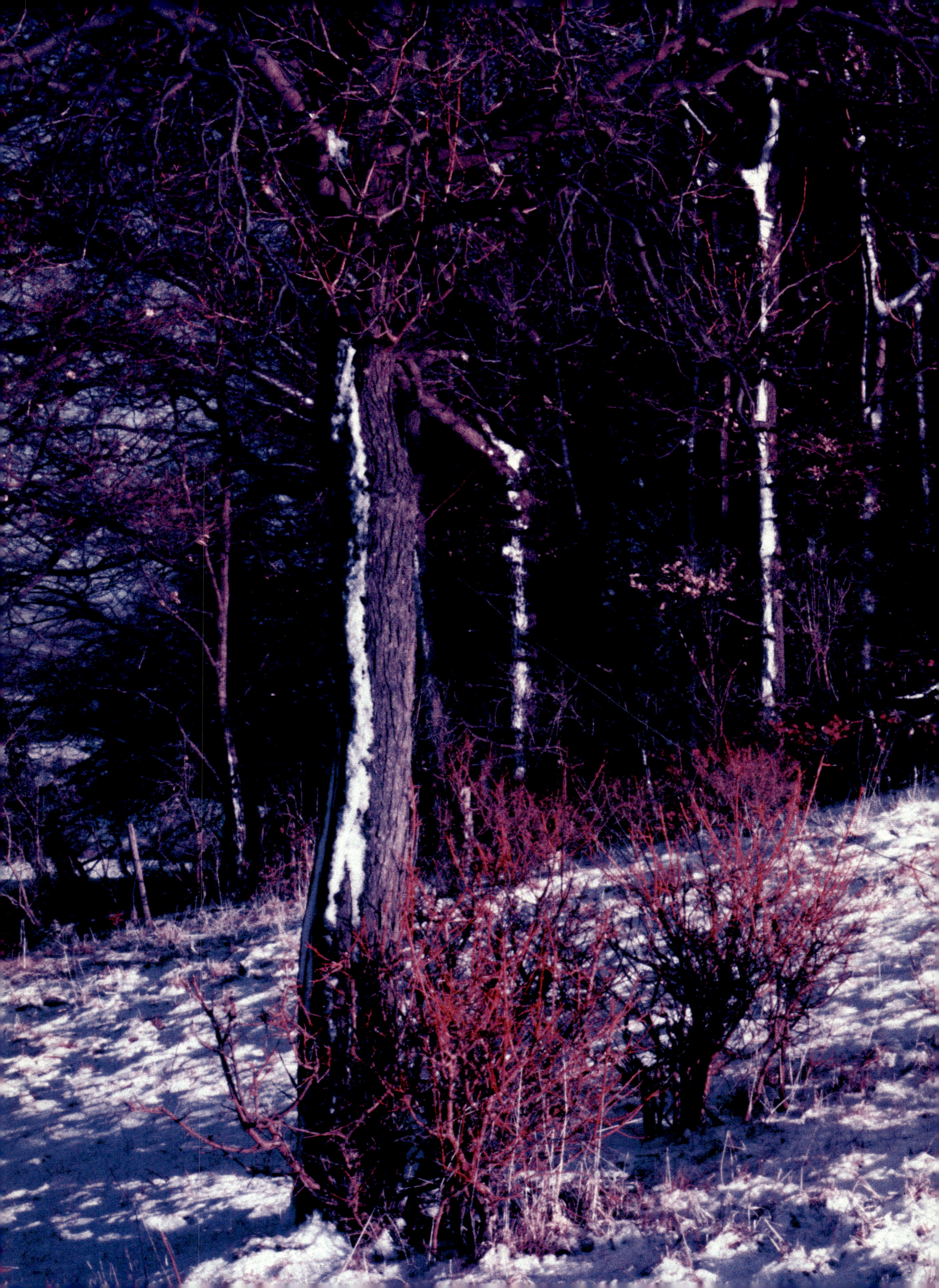

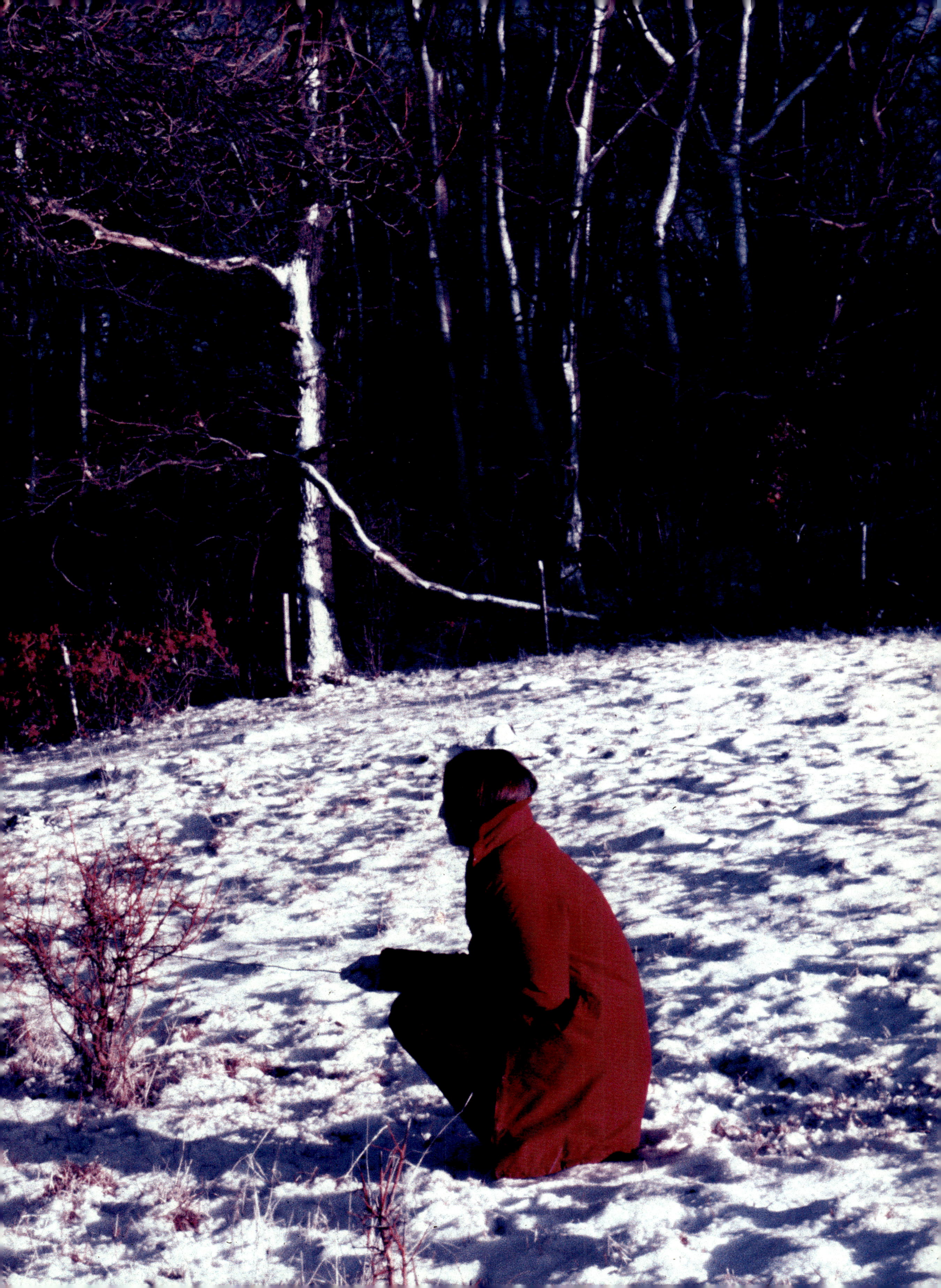

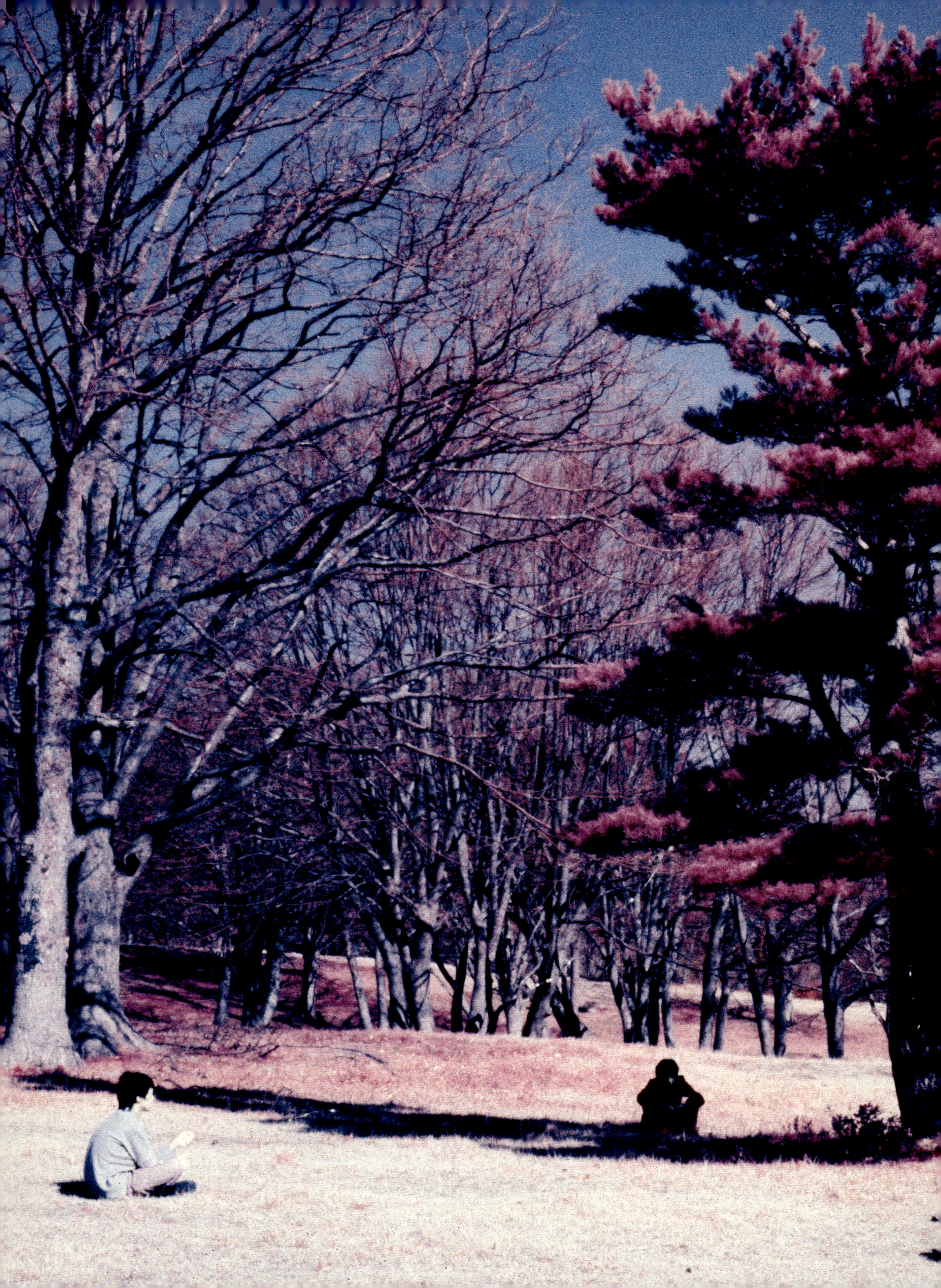

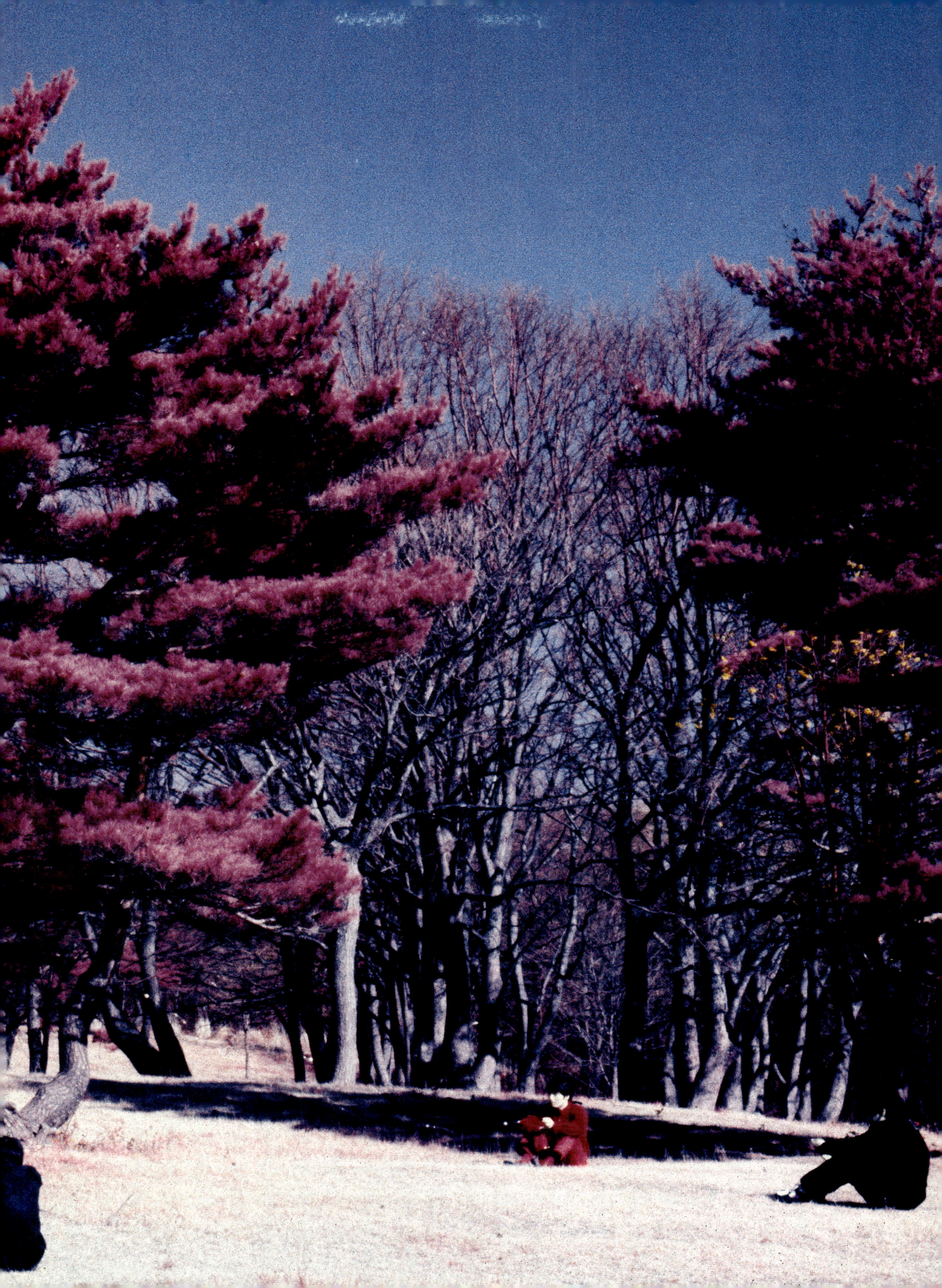

Absent Presence #8 (Nasci-Pati-Mori), 2006

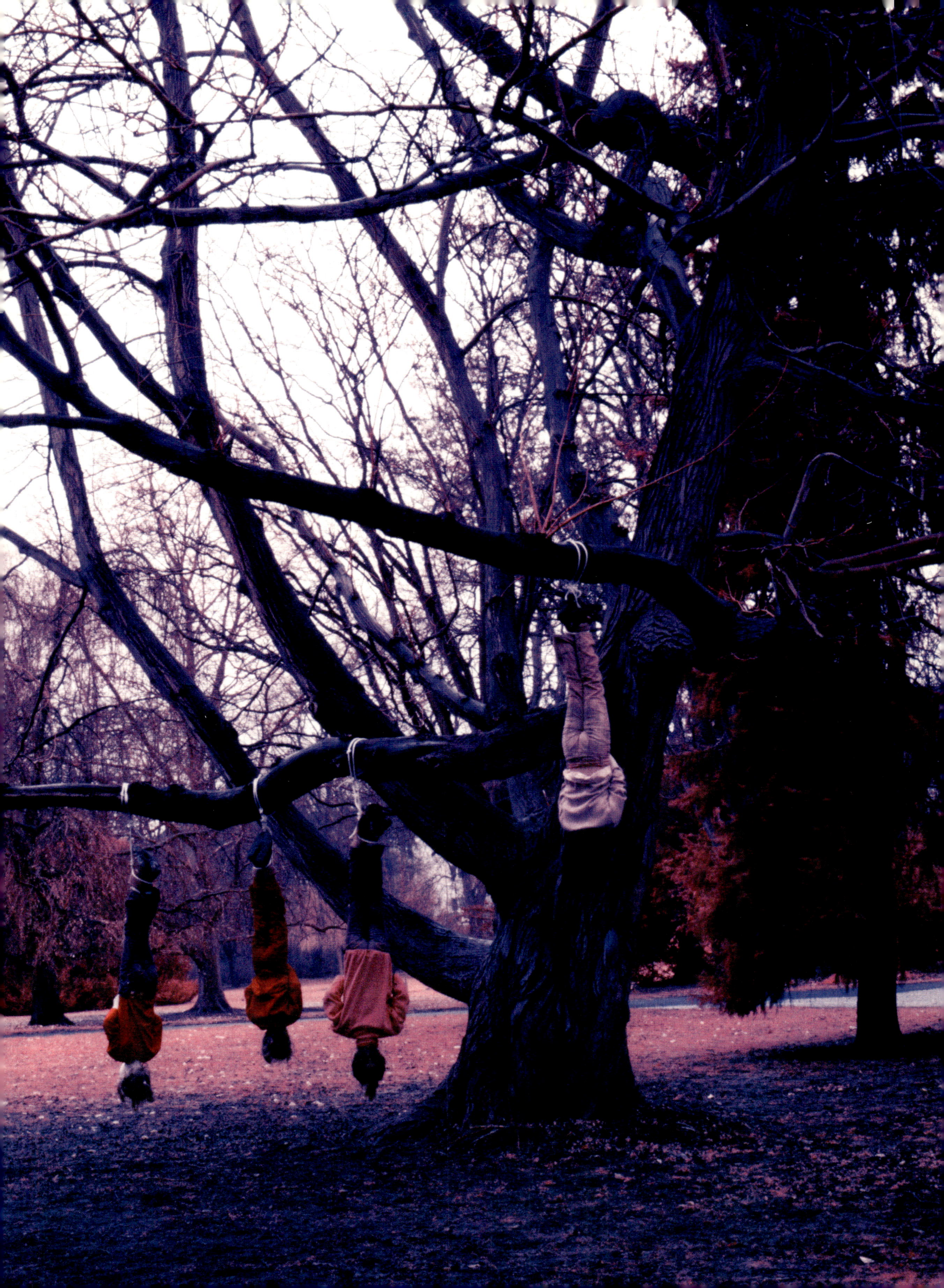

Dernier Espace avec Extrospecteur, 2006

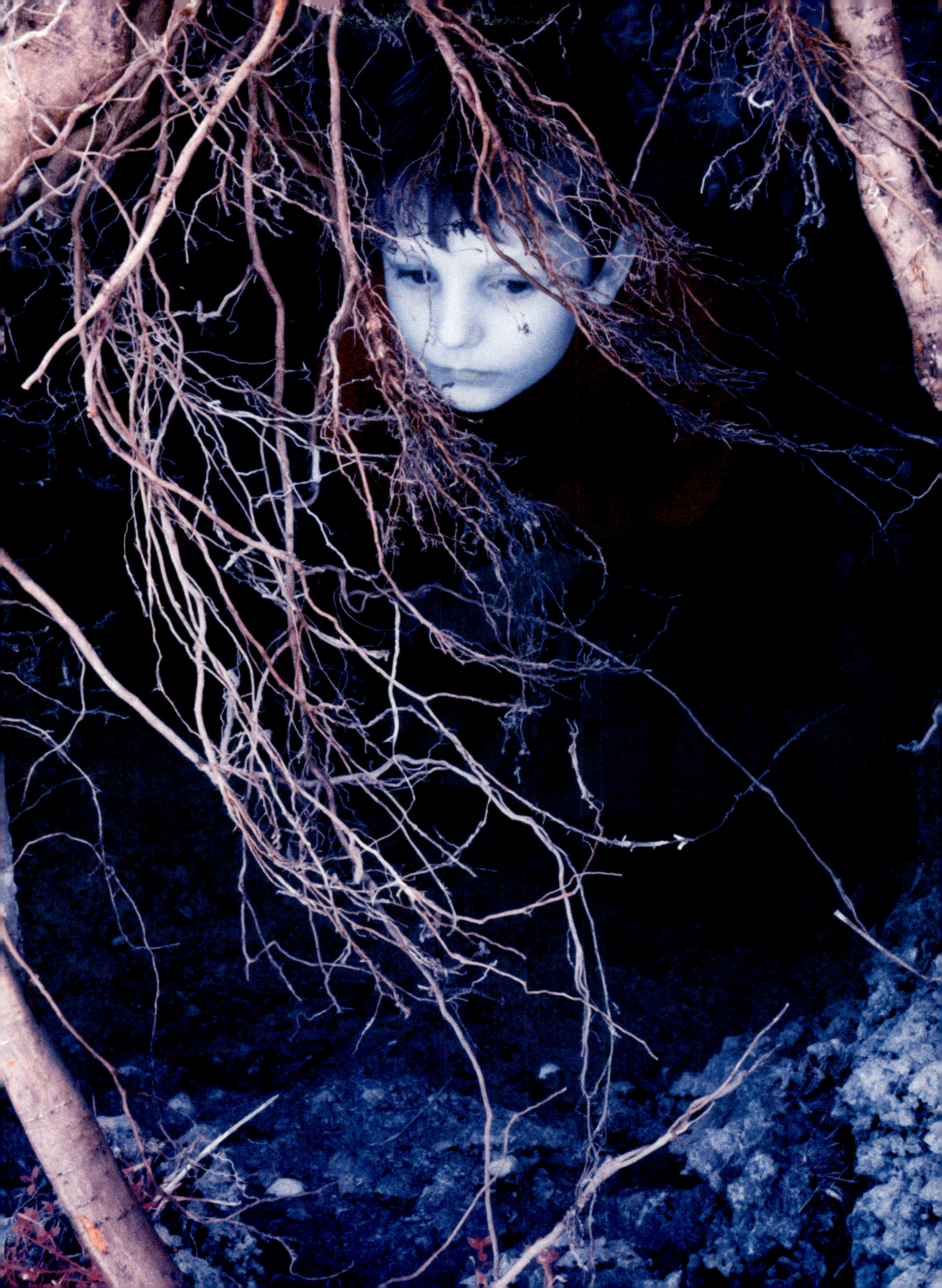

Tacet-Batterie, 2005

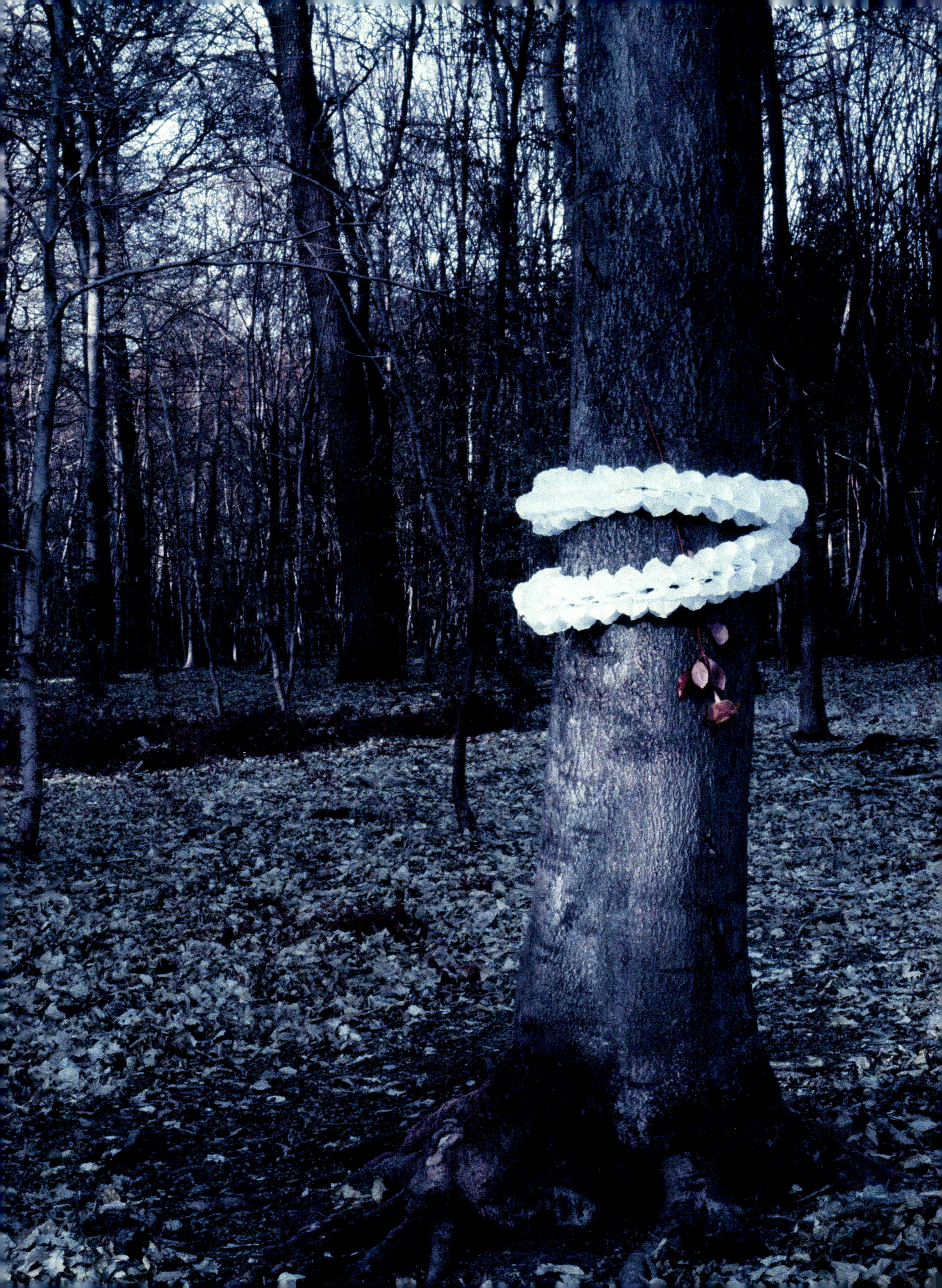

Daphne #1, 2005

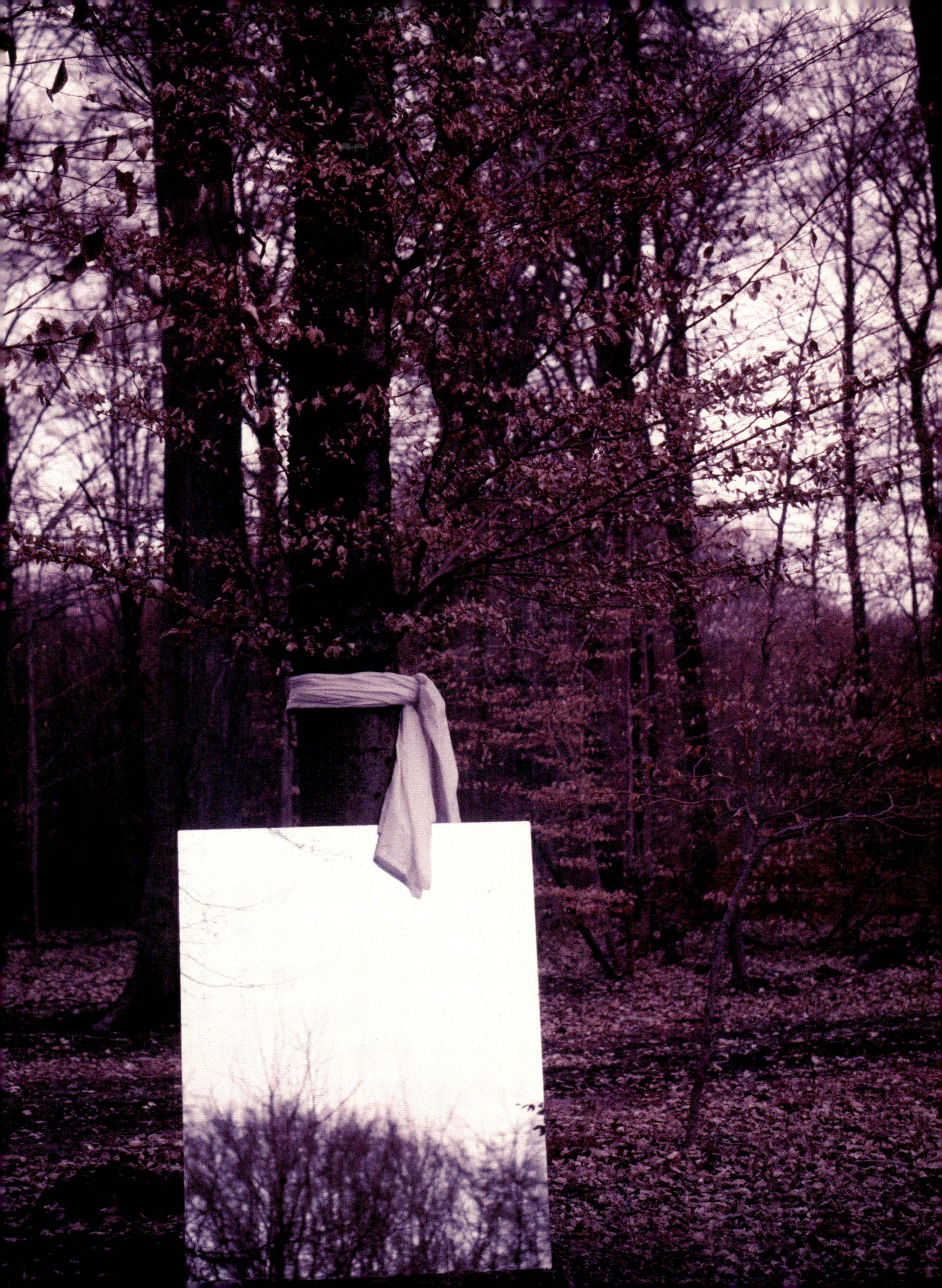

Daphne #2, 2005

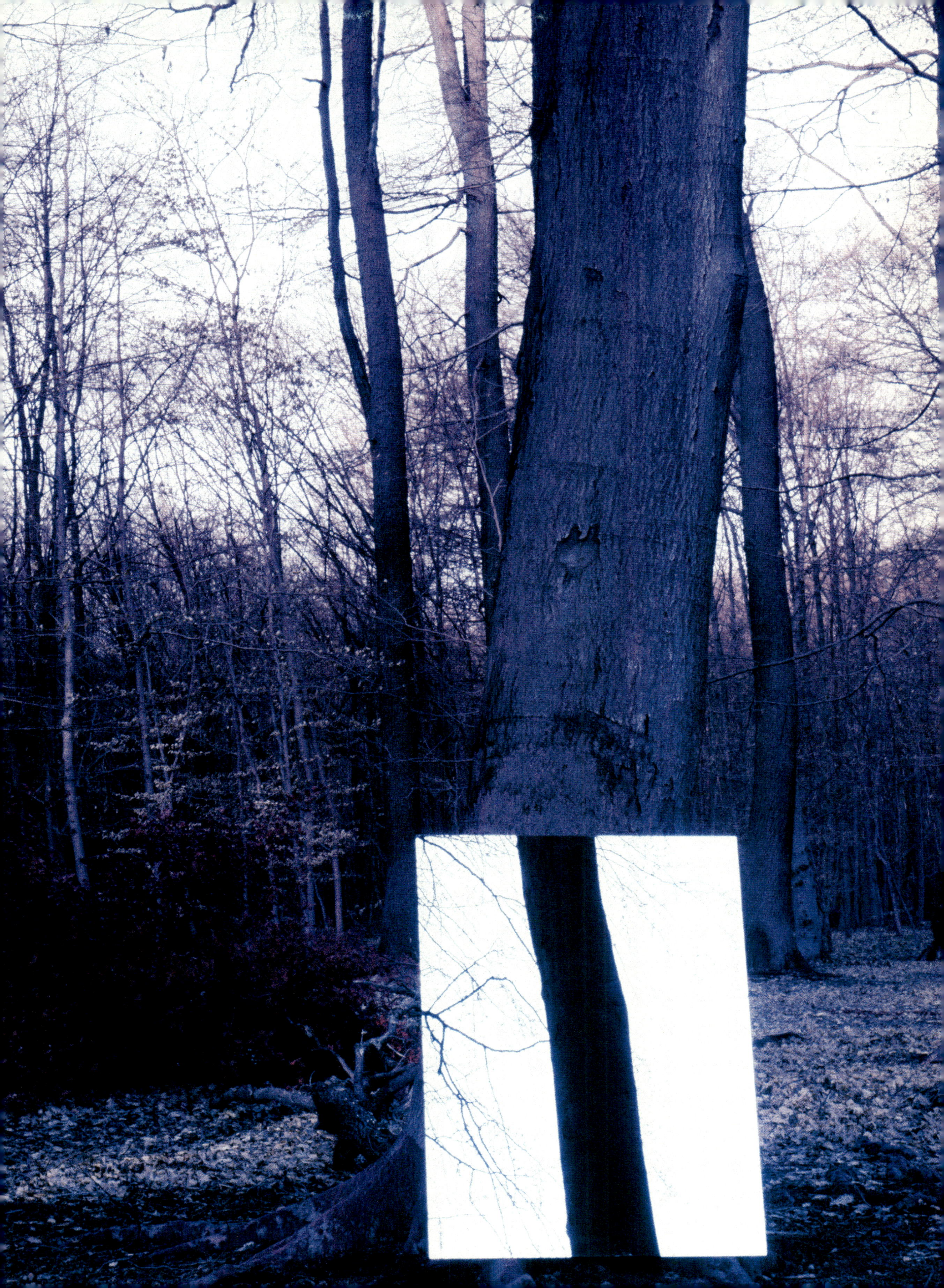

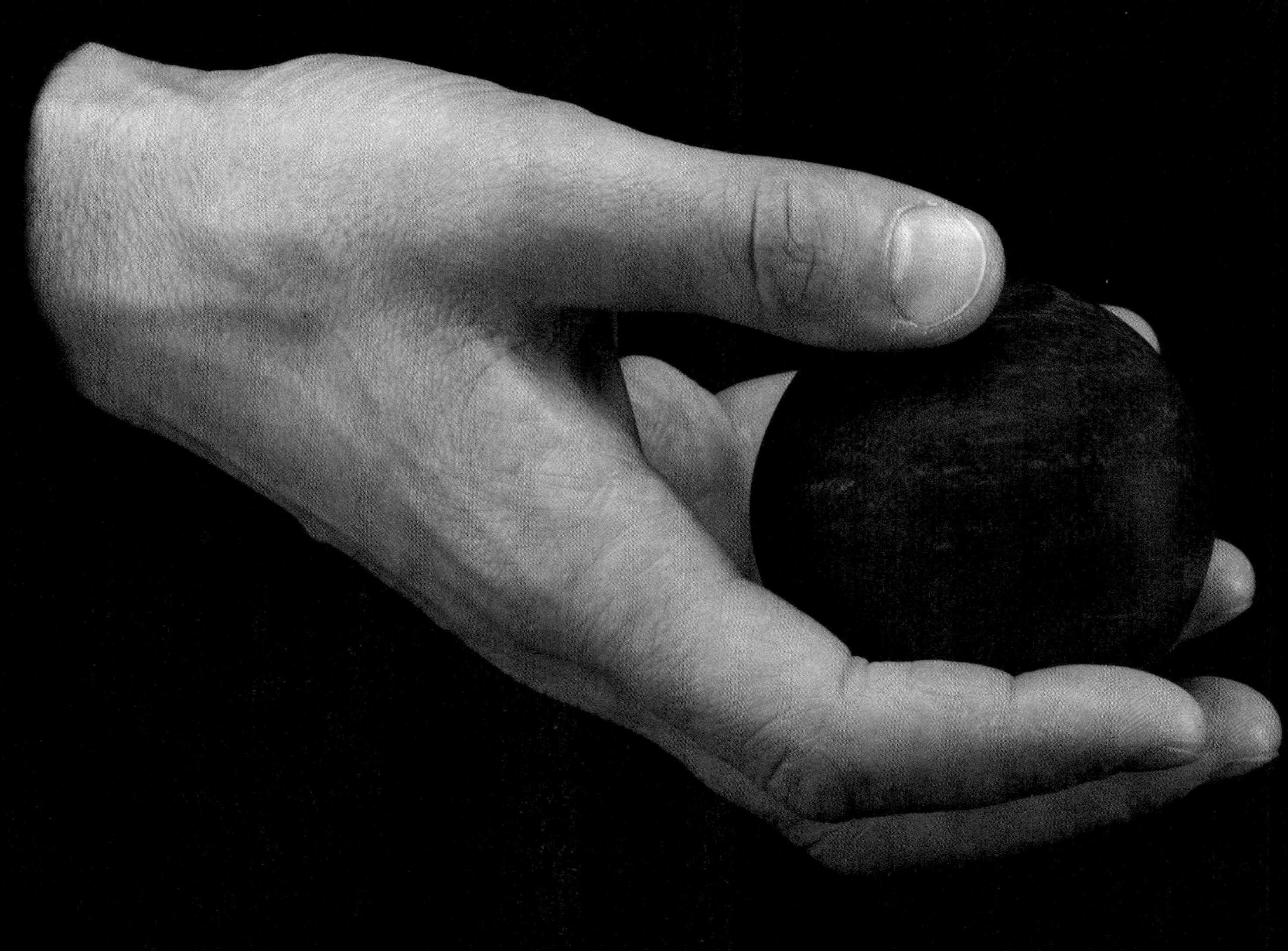

Nanna-Paradox

Radikale Chirurgie[1]
Zum Werkzyklus *Nanna-Paradox*

Angelika Singer

Vivisektionen nennt Christoph Loos die tiefen und großen Schnitte, Einschnitte, die er an lebenden Bäumen vornimmt, kurz vor dem Termin ihrer Fällung.
Ein radikaler Eingriff in einen Organismus, bei dem er zwar dessen Wurzel (lat. *radix*) verschont, um aber weitaus tiefer vorzudringen, an die biologischen Grundphänomene von Lebenskraft und Absterben.

Beeinflußt von der Habilitationsschrift des Philosophen und Biologen Hans Werner Ingensiep[2], wagt sich Loos mit seinen Vivisektionen an eine der letzten Fragen heran – an die nach der Seele des Lebendigen, die mit der Frage nach Seele der Pflanze beginnen muß.
Denn auf der Suche nach der *anima vegetativa*, die uns heute im molekularbiologischen Prozeß wiederbegegnet, geraten wir rasch in die Brennpunkte moderner Anthropologie, von Gentechnik bis Embryonenforschung.[3]
Aber schon lange vor den heutigen Möglichkeiten der Zellkerntechnik war die Verwandtschaft von Pflanze und Mensch letzterem gewiß, und die Mythen berichten von dieser Einsicht.

Mit der Metamorphose der Daphne schuf Ovid einen Archetypus für die (An)Verwandlung von Mensch und Baum. Viele folgten, Goethe natürlich und Herder, Novalis, Hölderlin, Fontane, Brecht, Sylvia Plath und nicht zuletzt Tolkien, in der bildenden Kunst Hieronymus Boschs Baummensch (Abb.1), Caspar David Friedrichs Baumporträts

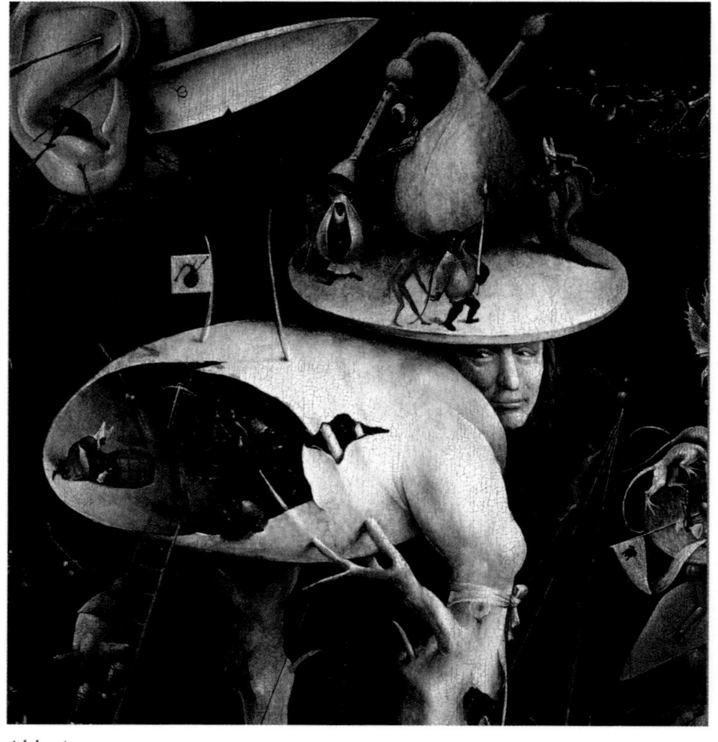

Abb. 1

sowie vergleichbare Bilddispositionen bei Edvard Munch oder Otto Modersohn[4]. Allerdings entwickelt sich dabei keine verbindliche Form, in der Bäume als Charaktere agieren – wie es bei den Tierfabeln der Fall ist.
Loos bezieht sich im Titel seiner Arbeit auf eine Figur der Edda, die Blütengöttin Nanna, Frau des Lichtgottes Baldur.[5]
Der Naturforscher und Philosoph Gustav Theodor Fechner hat seine Abhandlung über die Pflanzenseele unter ihr Matronat gestellt[6], denn sie personifiziert den „individuellen Anteil", den die Pflanzen an einer „allgemeinen gottbeseelten Natur" haben, und Nannas Ehe mit Baldur steht ihm

für den pflanzlichen „Verkehr mit dem Lichte", den er in seiner Schrift „psychisch auszulegen" versucht.[7]
Zum „*Nanna-Paradox*" wird Loos sich dabei selbst, weil er in sympathetischer Vertrautheit die Nähe der Bäume sucht und dieses spirituelle Beieinander dann doch seine intellektuell-künstlerische Neugier reizt und schließlich die Vivisektion provoziert.[8]
Natürlich ist sich Loos dieser Vorgeschichte bewußt und kennt auch die jüngeren künstlerischen Positionen. Giuseppe Penones Arbeit kreist in erster Linie um die Frage des Wachstums[9] und der materiellen Struktur von Holz.

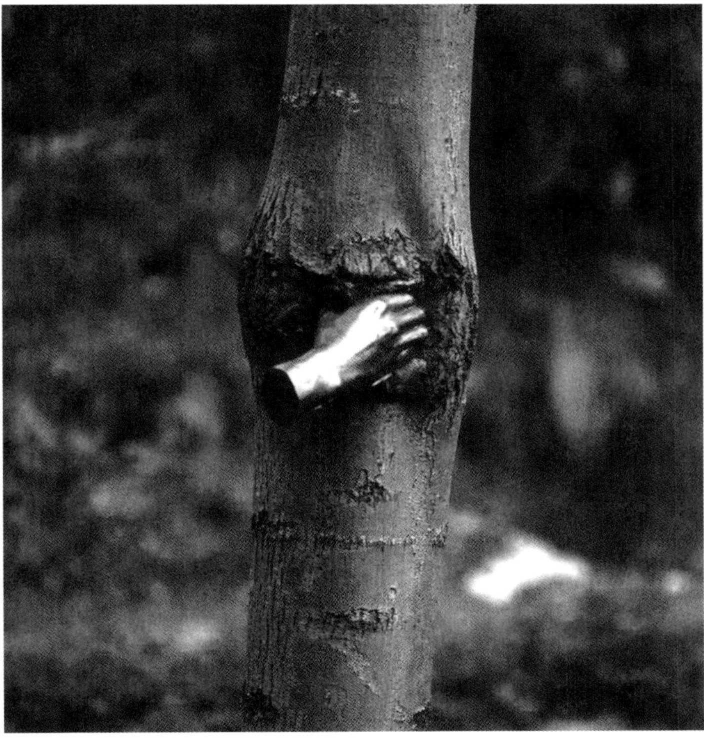

Abb. 2

Er hat Baumstämme skulptural bis auf ihren Kern reduziert, und bei einem anderen, 1968 begonnenen Projekt ließ er den einen jungen Baum halb umfassenden Griff seiner eigenen, aus Bronze gegossenen Hand über die Jahre in den Stamm einwachsen, so daß er jetzt wie ein Teil des Baumes selbst erscheint, aus dem er ragt[10] (Abb. 2). Der Werktitel *Der Baum wird weiterwachsen außer an dieser Stelle* beschwört die Widerstandskraft und den Lebenswillen des Baumes. Timm Ulrichs ließ einen Baumsetzling durch den Bronzeabguß seiner Hand wachsen[11], wobei der Titel *Baum im Würgegriff* weniger optimistisch klingt. Andere Positionen setzen eher beim Formalen an, beim Zuschnitt von Baumstümpfen[12], beim Rezeptionsapparat[13] oder konzentrieren sich auf ökologisch orientierte künstlerische Werkprozesse[14]. Im entscheidenden Punkt aber stehen die Arbeiten von Christoph Loos im Gegensatz zu all diesen Ansätzen: Er schneidet in den lebenden Baum.

Für frühere Arbeiten von Loos gilt, daß er beim Umgang mit Holz an der Verbindung von Material und dessen Funktion interessiert ist. So erzeugt Loos aus demselben Stamm Druckstock und Druckträger, ein geschlossenes System aus Skulptur und Druck, das auf weiteren Bedeutungsebenen wiederkehrt. Eine Rüstung, dünn wie Haut, vereiste Skulpturen oder solche, die von einer starken Lichtquelle von innen erwärmt und erleuchtet werden, nicht zuletzt ein Objekt mit einem deutlichen Pilzbefall – Loos thematisiert das Material auf immer neue Weise, dekliniert es durch Elemente und Zustände. Die wahrnehmbaren Ergebnisse setzt er ins Verhältnis zu seinen eigenen Werk- und Denkprozessen, im Bewußtsein der Allgegenwart des Mythischen, die ihn begleitet und der er sich anschließt. Werktitel wie *Das Schweigen der Sirenen*, *Pandora Boxes* oder *Lethes Tau* fragen nach diesem Zusammenhang und wecken das kulturelle Gedächtnis[15]. Ein weiterer Schwerpunkt der vergangenen Jahre war eine intensive theoretische und künstlerische Auseinandersetzung mit verschiedenen Paradiesvorstellungen.
Dieser Allgegenwart des Mythischen entspringt alle Kunst, so Friedrich Schiller. Es habe ein Zeitalter gegeben, in welchem sich der Mensch in einer reich beseelten Natur bewegte, deren Betrachtung immer sinnlich und spirituell zugleich war. In dieser Ur-Erfahrung gründe auch heute noch des Menschen besondere Empfindsamkeit gegenüber bzw. in der Natur: „ ... *eine unscheinbare Blume, eine Quelle, ein bemooster Stein, das Gezwitscher der Vögel, das Summen der Bienen ... Sie gewähren uns also die ganz eigene Lust, daß sie, ohne uns zu beschämen, unsere Muster sind. Eine beständige Göttererscheinung, umgeben sie uns, aber mehr erquickend als blendend.*" Einmal aus dieser paradiesischen Allverwandtschaft herausgefallen, vermag nur noch der Künstler, die archaische Verbundenheit wachzurufen. „*Sie sind, was wir waren, sie sind, was wir wieder werden sollen ... Der Dichter [sagt Schiller] ist entweder Natur, oder er wird sie suchen ...*"[16]. Im *Nanna-Paradox* geht Christoph Loos darüber hinaus. Da er jedem seiner Bäume als einem Individuum begegnet, bleibt er Natur – auch im

künstlerischen Akt: sich selbst ein magisches Erlebnis, ein Fund, den er uns in den geöffneten Bäumen deponiert.
Vor diesem persönlichen künstlerischen Hintergrund gibt sich das Projekt *Nanna-Paradox* zu erkennen als konsequent und risikoreich zugleich.
Einerseits erweitert Christoph Loos seine Objektwelt – vom Arbeiten mit Holz geht er über zum Eingriff, zur Operation am lebenden Baum. Zum anderen zeigt er diese spezifische skulpturale Auffassung nicht mehr in einer Ausstellung. Er ersetzt sie durch vorab bedachte mediale Inszenierungen, Photos der Aktionen, die – mit Infrarottechnik aufgenommen – gleichermaßen Abbilder wie Wärmebilder sind.

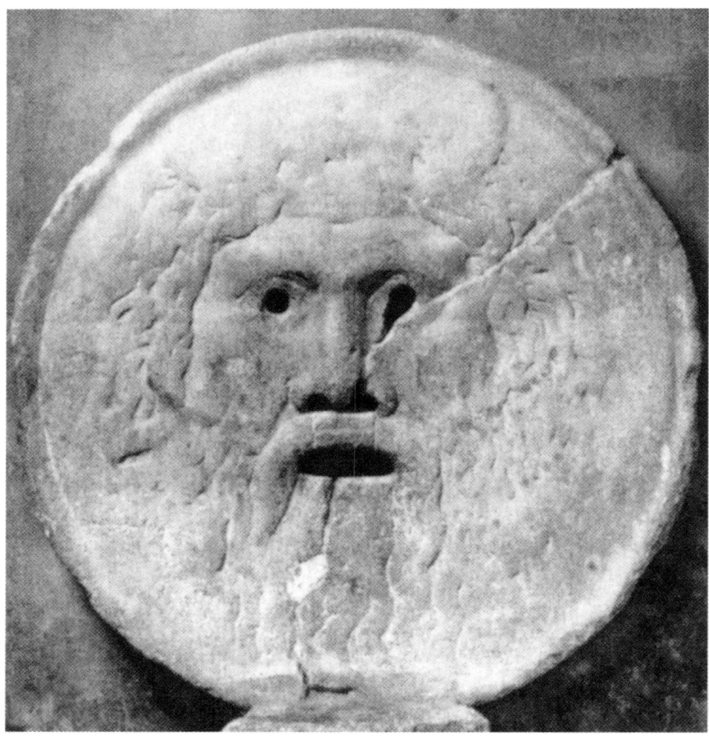

Abb. 3

Die Öffnungen, mit denen Christoph Loos die Bäume versieht, stiften eine völlig neue Intimität. Durch die tiefen Einschnitte, den Eingriff, die Öffnung der übermenschengroßen Pflanze entsteht eine eigenartige Beziehung zu ihr, in der kaum noch von Form und Inhalt des Kunstwerkes gesprochen werden kann. Der ausgehöhlte Baum nimmt den Menschen, zumindest teilweise, in sich auf.
Dabei stellt sich eine außerordentliche Erlebnis- oder Erkenntnisweise ein. Diese Erfahrung des Eingeschlossen-Werdens weist in unterschiedliche kulturhistorische Richtungen. Neben der bergenden und schützenden Funktion der Urhütte kann dieser Selbst-Einschluß auch durchaus bedrohlich sein.
Die legendäre *Bocca della Verità* (Abb. 3) in Rom verschlingt die Hand des Lügners für immer[17].
Bei den heutigen künstlerischen Konzeptionen wäre eine interessante Parallele zu den Findlingsaktionen von Timm Ulrichs zu ziehen, der sich für ein auf 24 Stunden angelegtes Projekt völlig in einem Findling einschließen ließ, der seinem Körper entsprechend ausgehöhlt und lediglich mit einem Luftkanal versehen war[18] (*Der Findling*, 1978/80/81, Abb. 4). Die Aktion mußte allerdings wegen Unterkühlung und Schmerzen des Künstlers vorzeitig abgebrochen werden.
Andere skulpturale Höhlungen – vor allem im Stein – haben aber auch zu faszinierenden Erlebnissen geführt. Anish Kapoors hohle Steine können einen Kopf aufnehmen, um dann eine erstaunliche Fülle von Geräuschen zu offenbaren; Marina Abramovics 60 Kilo schwere Amethyst-Schuhe sollen ihren Träger der unmittelbaren Wirkung des Steins aussetzen. Bei der Auslieferung des eigenen Leibes in einen fremden Körper hinein werden die magischen Kräfte in den natürlichen Materialien angerufen.[19]
Für einige andere Arbeiten hat Loos den unteren Teil des Baumes gehäutet (entrindet, wie es forstwirtschaftlich heißt). Dieses Offenlegen des Baum-Inneren, seine Entblößung erscheint als ein Akt der Gewalt, wie er die gesamte Geschichte der Suche nach der Seele in Kunst und Naturwissenschaften und vor allem in der Medizin durchzieht – die Häutung jedenfalls nimmt dem Baum jede Überlebenschance.
Der ephemere Zustand der von Loos geöffneten oder gehäuteten Bäume sowie die kurze Frist bis zu ihrer Abholzung macht sie ungeeignet für eine öffentliche Präsentation. Zu groß auch wäre die Gefahr des Mißverstehens durch eine von Skandalmechanismen vorangetriebene Wahrnehmung, wie sie Nitschs *Orgien-Mysterien-Theater* begleitete oder die Provokation von Buñuels zur Legende gewordenem Schnitt durch das Auge (Abb. 5). Deren spektakuläre Grausamkeit, ein Element der Aktionen selbst, dominiert die nachfolgende Diskussion und führt damit weg vom künstlerischen Werk. Loos jedoch hat mit seinen Darstellern und der photographischen Dokumentation ein wirksames Medium gefunden, welches zwar die Radikalität seines Vorgehens zeigt, aber das ursprüngliche Anliegen, der Pflanzenseele ansichtig zu werden, auch wirklich in den Mittelpunkt stellt.

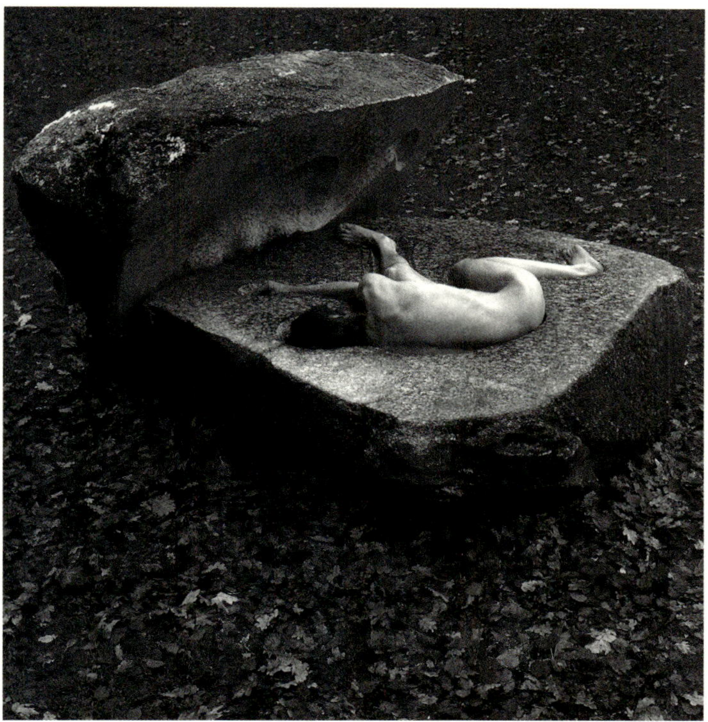

Abb. 4

Die Photos zeigen Protagonisten, die auf die Öffnungen in den Bäumen reagieren und dabei deren Form bewußt und die strukturellen und sensuellen Verhältnisse anschaulich machen. So verschwinden die Köpfe der Akteure im ausgehöhlten Baum, oder ihre Arme ragen weit in die Pflanze hinein. Die Kleidung ist farblich auf das avisierte Bildergebnis abgestimmt: Rot oder helle Farbtöne herrschen vor. Dabei vermeidet Loos eine rein dokumentarische Frontalsicht; vielmehr scheinen sich hier stille Annäherungen zu vollziehen. Eine fast feierliche Statik und zeremonielle Ruhe bestimmt die Haltung der Personen, und diese kann auf den Betrachter der Photos übergehen. Einige Aufnahmen zeigen auch nur den Baum – bis zu einer gewissen Höhe geschält oder, da Loos ihn zuvor wässerte, durch die Farbverschiebung der hierfür verwendeten Infrarotphotographie rot getönt.
Die Wahl des künstlerischen Ausdrucksmittels Photographie läßt eine Inszenierung zu, die an das photographische Format der Erzählung und auch der Dokumentation erinnert. Da die Szenen im Wald nicht zu lokalisieren sind, wird die Umgebung der Mensch-Baum-Verschmelzung zu einer Bühne für beide. Dabei überhöhen die Infrarotphotographien den befristeten Annäherungsprozeß.
Durch die Übersetzung von Wärmewerten in Farbtöne, die spezifische Körnigkeit, aber auch die stark reduzierte Farbpalette erscheinen die Aufnahmen dieses Geschehens in freier Natur wie die eines surrealen Zustands. Indem Loos auf den Verfremdungseffekt der Infrarotphotographie setzt, irritiert er die allgemeine Erwartung, daß Photographie Realität zuverlässig abbilde, und doch offenbart er zugleich die innerste Wirklichkeit des Photographierten: seine Wärme, seine Lebendigkeit. Daß er sich hier den energetischen Vorgängen widmet, erscheint im Blick auf seine vorausgegangenen Arbeiten mit Licht oder Kältetechnik nur konsequent. Gleichzeitig stehen seine Infrarotphotographien in einer Reihe künstlerischer Versuche, Wirklichkeit nicht bloß abzubilden, sondern zu erkennen.
Diese Photos bergen somit unterschiedliche Bedeutungsebenen: Im Mythischen, Theatralisch-Rituellen wie auch in der Philosophiegeschichte vollzieht sich die Suche des Künstlers nach der Pflanzenseele. Was die Protagonisten von Christoph Loos' Arbeiten in der Pflanze gesehen, gehört, gefühlt und gespürt haben, geben die intensiven Photos an den Betrachter weiter. In ihrer Bedeutung selbst aber bleiben diese Aktionen offen.

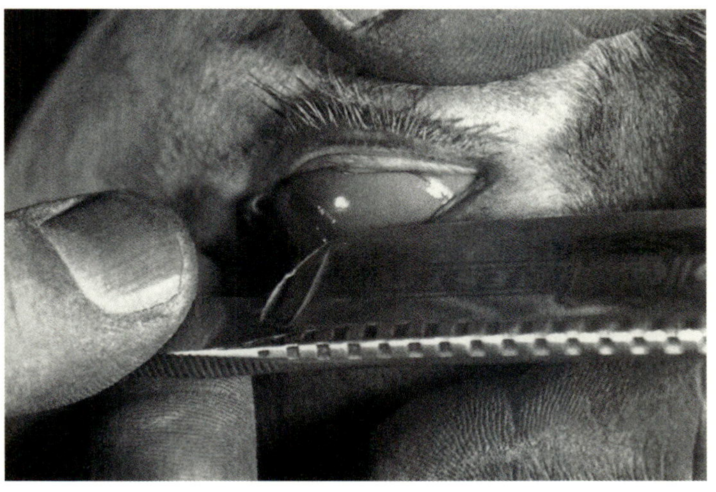

Abb. 5

Im Grenzbereich zwischen philosophisch reflektierten Mythologemen, konkreter Form, konzeptueller Kunst und distinguiertem Ausdruck siedeln die Arbeiten von Christoph Loos seit langem schon. Wie viele Grenzregionen birgt dieses Terrain die Verheißung eines Freiraums, eines anderen, noch zu entdeckenden Landes. Doch das Gelände wird schwerer gangbar, die Wege werden weniger, und die Präsenz der herrschenden Ideologie ist kaum noch zu spüren. Loos möchte möglicherweise auch gar nicht aufbrechen in die urbanen Zentren der Welt, um dort ein neues Einvernehmen zu erzeugen. Vielmehr öffnet er Einstiege ins Innere des Lebens.

[1] "I know the bottom, she says. I know it with my great tap root;
It is what you fear.
I do not fear it: I have been there.
...
I let her go. I let her go
Diminished and flat, as after radical surgery."

(Ich kenne den Grund, sagt sie. Ich kenne ihn durch meine große Pfahlwurzel.
Er ist, was du fürchtest.
Ich fürchte ihn nicht: ich bin dort gewesen.
...
Ich ließ sie frei. Ich ließ sie frei,
geschmälert und flach, wie nach radikaler Chirurgie.)
vgl. Sylvia Plath: *Elm* (Ulme) in: *Ariel. Poems*, New York 1999 (1. Aufl. 1965), S. 15f.

[2] Hans Werner Ingensiep: *Geschichte der Pflanzenseele. Philosophische und biologische Entwürfe von der Antike bis zur Gegenwart*, Stuttgart 2001.

[3] „In seiner genauen und systematischen Beobachtung dieses Prozesses ist Ingensieps Geschichte mindestens eine Ideengeschichte der Biologie und Philosophie, mehr noch ein Röntgenbild der Anthropologie. Deren gegenwärtiger Zustand bezüglich Pflanzen ist ein Paradox. Während die Pflanzenseelengenetik des 20. Jahrhunderts den letzten Pflanzenseelentheorien den Geist austreibt, die DNS die bis dahin noch ungeklärten Seelenfunktionen der anima vegetativa beerbt, bleibt ihre Konsequenz, bezogen auf den Menschen, erstaunlich schwach. Denn wenn es richtig ist, daß alles Pflanzenleben molekulargenetischer Prozeß ist, dann gilt gleiches auch für das Leben des Menschen." Richard David Precht in seiner Rezension zu Ingensieps Buch (*Literaturen* Heft 12 / Dezember 2001).

[4] Siehe auch Gerda Gollwitzer: *Botschaft der Bäume*, Köln 1984; Hans Gercke (Hg): *Der Baum in Mythologie, Kunstgeschichte und Gegenwartskunst*, Heidelberg (Ausstellungskatalog Heidelberger Kunstverein) 1985; Alexander Demandt: *Über allen Wipfeln. Der Baum in der Kulturgeschichte*, Köln 2002.

[5] Vgl. die Nacherzählungen bzw. Übersetzung der *Edda* von Ludwig Uhland, Karl Simrock und Felix Dahn: Als Baldur stirbt, „bricht auch der Gattin Baldurs, Neps' Tochter Nanna, das Herz; sie ist die Blüte, die aus der Knospe hervorgeht und darum Neps' (für hneppr, Knopf) Tochter heißt. Mit der Abnahme des Lichtes geht auch das reichste, duftendste Blumenleben zu Ende; als Baldurs Leiche zum Scheiterhaufen getragen wird, zerspringt Nanna vor Jammer ... Die ganze Natur klagt um Baldurs Tod, weil sie des Lichtes bedürftig ist ..." (Felix u. Therese Dahn: *Germanische Götter- und Heldensagen*, Nach der Ausgabe von 1919, Wiesbaden 2004, S. 200.

[6] Gustav Theodor Fechner: *Nanna oder über das Seelenleben der Pflanzen*, Leipzig 1848.

[7] *Nanna*, XIII.

[8] Ingensiep spricht mit Bezug auf Fechner von „dem lebenslangen Versuch, die innerseelische Tages- und die naturwissenschaftliche Nachtseite der Natur zusammenzubringen." Ingensiep, S. 372.

[9] Auch die legendäre Aktion *7000 Eichen* 1982 von Joseph Beuys sieht vor, daß der jeweils mit dem Baum eingepflanzte Basaltstein zunächst ein Schutz ist, um dann vielleicht sogar vom Wurzelwerk ausgeworfen zu werden.

[10] Giuseppe Penone: *Continuerà a crescere tranne che in quel punto / Der Baum wird weiterwachsen, außer an dieser Stelle*, 1968 und 1978; siehe auch Giuseppe Penone, *Respirer l'ombre*, Paris, École nationale supérieure des Beaux-Arts, 2000, S.36; *Giuseppe Penone*, Ausstellungskatalog Kunstmuseum Bonn 1994.

[11] *Timm Ulrichs*, Ausstellungskatalog Kunstverein Braunschweig 1975, S. 90.

[12] *Klaus Simon*, Ausstellungskatalog Wilhelm Lehmbruck Museum Duisburg 1993.

[13] Timm Ulrichs widmete sich umfassend der Zeichenhaftigkeit und der formalen Struktur von Bäumen. Ulrichs 1975, S. 83.

[14] Olaf Wegewitz beschäftigte sich häufig mit der Frage nach der Beseeltheit von Natur und geht dabei in künstlerischen Formfindungen auf die Schriften von Gustav Theodor Fechner ein: *Nanna. Pflanzenseele*. Ausstellungskatalog Marburg (Universitätsmuseum) 2002. Nikolaus Lang nutzt die Spuren von Madenfraß auf der Oberfläche von Rundhölzern zur Erzeugung von anonymen Holzschnitten: *N.L., Druckstock I*, 1980, Ausstellungskatalog Sprengel-Museum Hannover 1995.

[15] Christoph Loos: *ZimZum*, Köln 2000.

[16] Friedrich Schiller: *Über naive und sentimentalische Dichtung*. Hg. von Gerhard Fricke und Herbert G. Göpfert, 2. Aufl. München 1960, S. 695 u. 716.

[17] Leander Petzoldt (Hg): *Historische Sagen*, Schorndorf 2001, Nr. 15, S. 16. Mittlerweile gibt es die *Bocca della Verità* auch als Wahrsageautomat an Bahnhöfen.

[18] Timm Ulrichs: *Totalkunst*. Ausstellungskatalog Lüdenscheid (Städt. Galerie) 1980.

[19] Es wäre eine eigene Untersuchung wert, solche Positionen unter dem Aspekt des Animismus im Verhältnis zu den inszenierten Klaustrophobien eines Gregor Schneider oder John Bock zu prüfen.

Radical Surgery[1]
Notes on the *Nanna-Paradox* Cycle

Angelika Singer

Christoph Loos uses the word "vivisection" to describe the deep, wide cuts – the incisions – that he makes in living trees, just one day before they are scheduled to be felled.
He intervenes radically in an organism, while still sparing the roots (lat. *radix*), only to penetrate much further, through to the fundamental biological phenomena of vitality and mortality.

Influenced by the post-doctoral thesis written by the philosopher and biologist Hans Werner Ingensiep[2], Loos addresses one of the most fundamental questions of all through his vivisections – the question as to whether there is a soul in everything alive, necessarily beginning with the question as to whether plants have souls.
Since the search for the *anima vegetativa*, which we now encounter in molecular-biological processes, soon leads us to some of the most burning issues in modern anthropology, from genetic engineering through to embryonic research[3].
But even long before the advent of modern technologies that allow the very nuclei of cells to be manipulated, man was certain of his kinship with plants, and myths bear witness to this view.

In the metamorphosis of Daphne, Ovid created an archetype for the transformation of a human being into a tree. Many others followed: Goethe of course, and Herder, Novalis, Hölderlin, Fontane, Brecht, Sylvia Plath and, certainly not the last, Tolkien. In the visual arts we find Hieronymus Bosch's *Tree Man* (Fig. 1), Caspar David Friedrich's tree portraits as well as similar imagery created by Edvard Munch or Otto Modersohn[4]. However, no generally accepted form for trees acting as characters was ever developed – unlike the case of animals in fables.

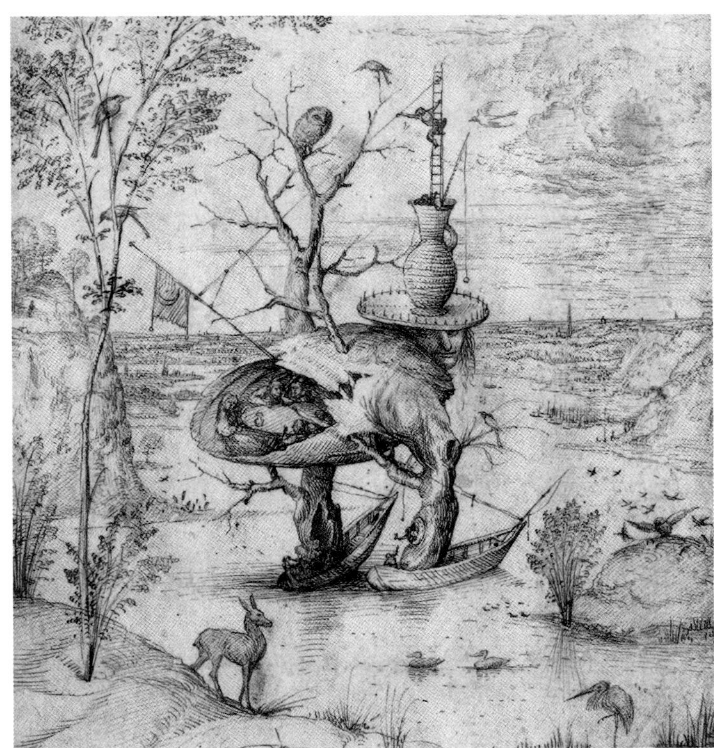

Fig. 1

Loos refers in the title of his work to a figure from the Edda, Nanna the goddess of flowers, wife of Baldur the god of light[5].

The naturalist and philosopher Gustav Theodor Fechner placed his essay on the souls of plants under her matronage[6], since she personifies the "individual share" that plants have in "a world of nature generally animated by god" and Nanna's marriage to Baldur is a symbol for him of the vegetal "interaction with light" which he attempts to "interpret psychologically" in his essay[7]. Loos becomes his own "*Nanna-Paradox*" by seeking to approach trees with sympathetic familiarity only for this spiritual communion to pique his intellectual and artistic curiosity and ultimately provoke the vivisection[8].

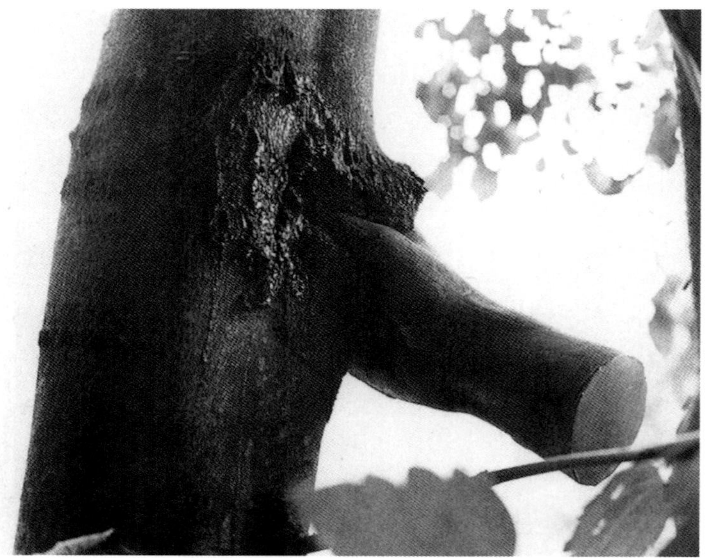

Fig. 2

Loos is of course aware of these previous developments, and he is also familiar with positions taken by more recent artists. Giuseppe Penone's work (Fig. 2) is concerned primarily with questions of the growth[9] and material structure of wood. He has reduced tree trunks sculpturally to their cores, or – for a project begun in 1968 – he had his hand cast in bronze in order to grasp a young tree; over the years the hand gradually became more and more ingrown and finally a part of the tree[10]. The work's title *The Tree Will Continue to Grow Except at this Point* attests to the tree's power to withstand and grow. Timm Ulrichs let a sapling grow up through a bronze casting of his hand[11], whereby his title, *Tree in a Stranglehold*, sounds quite a bit less optimistic. The positions taken by others appeal more to formal matters like the cutting of tree stumps[12], the sensory organs[13], or artistic working processes oriented more on ecological or culturally transcendent[14] themes. In this work, however, Christoph Loos embarks on a decisive departure from these traditions: he deliberately cuts into living trees.

Earlier works by Loos demonstrate his interest in the treatment of wood and the connection between the material and its function. Hence Loos created both a printing cylinder and the sheets of wood on which he printed out of the same tree trunk, a closed system of sculpture and printing that is extended to allow varying levels of meaning to reemerge. Armor, almost as thin as skin, frozen sculptures, or others that are warmed and illuminated by intense light from within or, in yet another case, an object clearly befallen by fungus – Loos deals with the material in ever new and different ways, in varying declinations of elements and conditions. He examines the relationship between the perceptible results and his own processes of work and thought, conscious of the omnipresence of the mythic, which always accompanies him and to which he subscribes. Works with titles like *Das Schweigen der Sirenen*, *Pandora Boxes* or *Lethes Tau* raise questions regarding this connection and awaken cultural memory[15]. A further focal point in past years has been an ongoing intensive theoretical and artistic dialogue with various concepts of paradise.

For Friedrich Schiller this omnipresence of the mythic is the source of all art. There was an age in which human beings found themselves in a highly animate world of nature, one they viewed in both a sensual and a spiritual manner. This primal experience is still the foundation of man's special sensitivity toward nature: "*a humble flower, a spring, a moss covered stone, the song of birds, the humming of the bees ... They provide us with the unique pleasure of serving as our models without causing us shame. A manifestation constant and divine, they surround us and are more stimulating than stunning.*" Once this paradisiacal moment in which all beings are related is lost, it is up to the artist to reawaken this archaic unity. "*They are, what we were, they are, what we should become again ...The poet [says Schiller] is either nature, or he will seek it ...*"[16].

In *Nanna-Paradox* Christoph Loos goes further. Since he encounters every one of his trees as an individual, he remains nature – also in the artistic act: a magical experience for himself, a find, that he deposits for us in the opened trees.

Against this personal and artistic background, the *Nanna-Paradox* project proves to be both a logical progression and full of risks. On the one hand Christoph Loos expands his world of objects – from works with wood, he goes on here to intervene, to operate on the living tree. On the other hand he no longer shows this specific sculptural view in an exhibition. He substitutes previously conceived medial presentations; photos of the actions taken with infrared technology – serving both as depictions and as images of warmth.

The openings that Christoph Loos renders in the trees lead to a new level of intimacy. Through the deep incisions, the intervention, the opening in this plant which exceeds human scale, a unique relationship to it emerges, one in which it is barely possible to discuss the form and content of this work of art. The hollowed out space allows the tree to take humans, at least partially, into itself. This gives rise to an extraordinary experience and means of perception. This sensation of being enclosed within something directs us onto divergent paths in terms of culture and history.

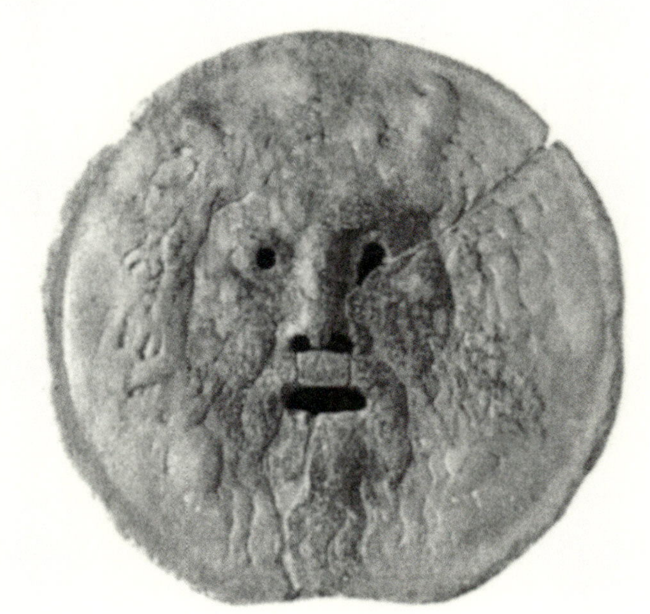

Fig. 3

Beyond the sheltering and protective functions of the archaic hut, this being enclosed can also be quite threatening. The legendary *Bocca della Verità* (Fig. 3) in Rome swallows a liar's hand forever.[17]

Among more recent artistic concepts, interesting parallels can be drawn to the work by Timm Ulrichs with a boulder

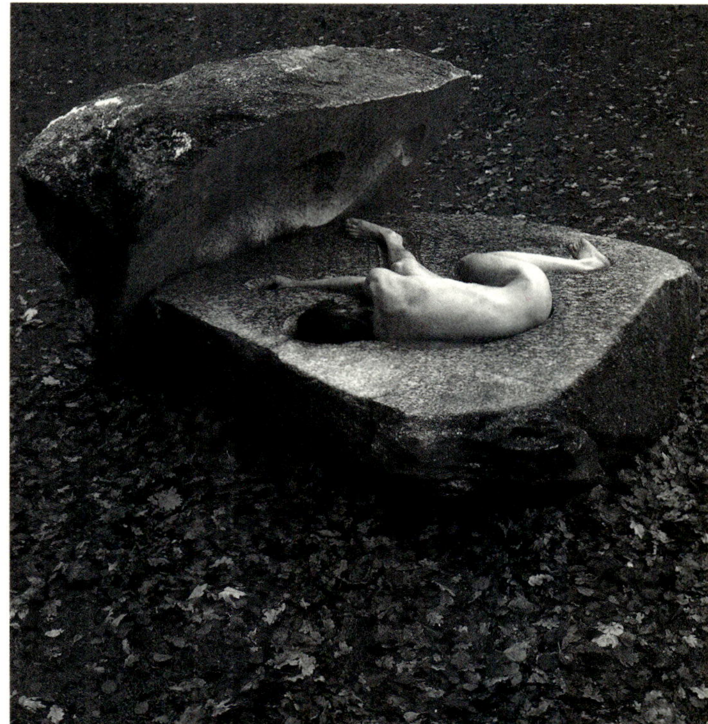

Fig. 4

hollowed out only in the form of his body and within which he was enclosed with only a breathing passage for a planned 24 hours[18] (*Der Findling*, 1978/80/81, Abb. 4). Although the action had to be precluded ahead of schedule because of exposure to cold and pain on the part of the artist.

Other sculptural hollows – particularly in stone – have also led to fascinating experiences. Anish Kapoor's hollow stones provide room for a head only to reveal an astonishing range of sounds; Marina Abramovic's 60 kilogram amethyst shoes are intended to subject the wearer directly to the effects of the stone. The act of allowing one's own body to enter into a foreign entity appeals to magical powers[19].

For other works, Loos skinned the lower part of a tree (debarked it, as it is called in forestry). Opening up the interior of a tree, denuding it, appears to be an act of brutality of the kind that pervades the entire history of the search for a soul in art and the natural sciences and, above all, in medicine – removing its outer skin ultimately robs the tree of its ability to survive.

The ephemeral condition that Loos creates by opening and skinning the trees, and the short grace period they have before being chopped down, makes them ill-suited for public presentation. The danger of being misunderstood by public attention attracted by mechanisms of scandal, such as accompanied Nitsch's *orgy-mystery-theatre* or the provocation

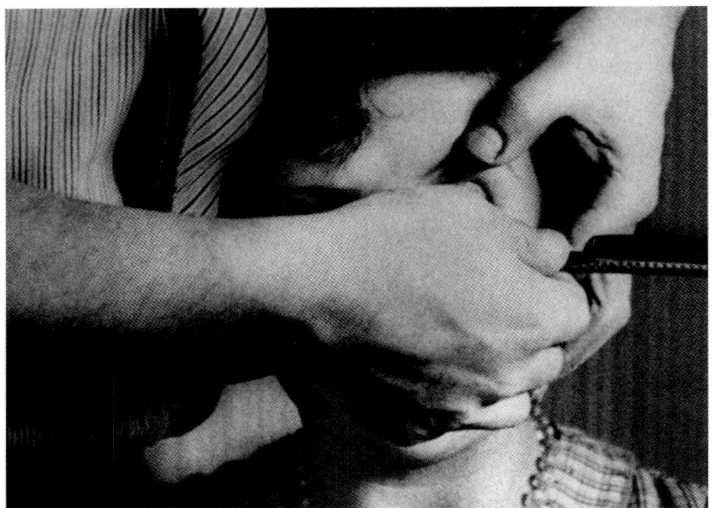

Fig. 5

of Buñuel's legendary slicing of an eye (Fig. 5) is also too great. The spectacular cruelty of the latter, an element of the action itself, dominates the ensuing discussion and detracts from the work of the artist. With his actors and the photographic documentation, Loos has found an effective means of depicting the radical nature of his work, one that places the focus on his original concern, providing us with a glimpse of the plant's soul.

The photos depict protagonists who react to the openings in the trees, thereby making us conscious of their form and providing a better view of the structural and sensual conditions. Thus the heads of the actors disappear into a hollowed out tree, or their arms reach far into the plant. The colour of the clothing is chosen with an eye to the image that is sought: red and light colours are dominant. In this context Loos always avoids a purely documentary frontal view, focusing on the quiet acts of approach that seem to be taking place. An almost ceremonial stillness and serenity characterizes the posture adopted by the actors, even seeming to encompass the viewer. Some photos show only the tree – peeled up to a certain height or, since Loos wet them down beforehand, tinted red through the shift in the colours of the infrared photography.

The choice of photography as a means of artistic expression allows scenes to be developed which remind one of the formats of both narrative and documentary photography. Since the scenes in the forest cannot really be localized, the surroundings in which man and tree meld become a stage for both. The infrared photographs highlight the fleeting nature of the process of approach. Through the translation of heat values into colours, its specific graininess, as well as its far more limited colour palette, the photographs of these activities that take place outdoors seem more like a surreal condition. By making use of the alienating effect of the infrared photography, Loos undermines the general assumption that photography reliably depicts reality, while at the same time revealing the innermost reality of the subject of the photograph: its warmth, its vitality. The fact that he turns to energetic processes here seems only logical considering his previous work with light and refrigeration technology. At the same time, however, the use of infrared photography can be seen in a long line of artistic endeavours not just to depict, but to recognize.

These photos thereby evoke very different levels of meaning: in a mythic context, a theatrical-ritual one, as well as in the history of philosophy, the artist has sought the souls of plants. What the protagonists in these works by Christoph Loos saw, heard, felt and sensed in the plants is related through these intensive photographs. The actual meaning of the action, however, is consciously left open.

The work of Christoph Loos has long operated in this borderline area between philosophically reflected mythologemes, concrete form, conceptual art and distinguished expression. Like so many borderline regions, this terrain holds the promise of a space without restrictions, of a country yet to be discovered. The paths that are open to us become fewer, and the terrain becomes more rugged, and ultimately the presence of the reigning ideology can barely be felt. Loos may not even desire to embark on a journey to the urban centres of the world in order to establish a new consensus. On the contrary, he opens up entrances into an interior life.

[1] "I know the bottom, she says. I know it with my great tap root;
It is what you fear.
I do not fear it: I have been there.
...
I let her go. I let her go
Diminished and flat, as after radical surgery."
Cf. Sylvia Plath: *Elm* from the *Ariel Poems*, New York 1999 (orig. 1965), p. 15.

[2] Hans Werner Ingensiep, *Geschichte der Pflanzenseele. Philosophische und biologische Entwürfe von der Antike bis zur Gegenwart*, Stuttgart 2001.

[3] "In his precise and systematic observation of these processes, Ingensiep's work is at least an intellectual history of biology and philosophy, or perhaps even an X-ray image of anthropology. Its current condition with regard to plants is paradoxical. While the plant soul genetics of the 20th century is currently driving the spirit out of plant soul theories, and turning the legacy of the hitherto inexplicable soul functions of the anima vegetativa over to DNS, its consequences for humans remain surprisingly weak. If it is true that everything in the life of plants is a molecular-genetic process, then the same would hold true for the lives of humans." Richard David Precht in his discussion of Ingensiep's book, *Literaturen,* Heft 12 / December 2001.

[4] Cf. Gerda Gollwitzer, *Botschaft der Bäume*, Cologne 1984; Hans Gercke (ed.), *Der Baum in Mythologie, Kunstgeschichte und Gegenwartskunst*, Heidelberg (exhib. cat. Heidelberger Kunstverein) 1985; Alexander Demandt, *Über allen Wipfeln. Der Baum in der Kulturgeschichte*, Cologne 2002.

[5] Cf. the version of the *Edda* related by Ludwig Uhland, Karl Simrock and Felix Dahn: when Baldur dies, "it breaks the heart of Baldur's wife, Neps' daughter Nanna; she is the blossom that goes forth from the bud and therefore called Neps' (...) daughter. With the waning of light, even the most abundant, fragrant blossoming ceases; when Baldur's corpse was carried to the funeral pyre, Nanna was destroyed by sorrow ... All of nature pined Baldur's death, because of its need for light ..." (Felix and Therese Dahn, *Germanische Götter- und Heldensagen*, Nach der Ausgabe von 1919, Wiesbaden 2004, p. 200.

[6] Gustav Theodor Fechner, *Nanna oder über das Seelenleben der Pflanzen*, Leipzig 1848.

[7] *Nanna*, XIII.

[8] Ingensiep speaks in reference to Fechner of "the lifelong attempt to bring together the soul-felt day and the scientific night side of nature." Ingensiep, p. 372.

[9] As well as the legendary action *7000 Eichen* (7000 Oaks) by Joseph Beuys in 1982 which envisioned basalt stones planted along with the trees initially offering protection and later even being thrown out by the roots.

[10] Giuseppe Penone, *Continuerà a crescere tranne che in quel punto / The Tree Will Continue to Grow Except at this Point*, 1968 and 1978; see also *Respirer l'ombre. Giuseppe Penone*, Paris (École nationale supérieure des Beaux-Arts) 2000, p. 36; Giuseppe Penone, exhib. cat. Bonn (Kunstmuseum) 1994.

[11] *Timm Ulrichs*, exhib. cat. Braunschweig (Kunstverein) 1975, p. 90.

[12] *Klaus Simon*, exhib. cat. Duisburg (Wilhelm Lehmbruck Museum) 1993.

[13] Timm Ulrichs has given great consideration to the symbolic character and the formal structure of trees. Ulrichs 1975, p. 83.

[14] Olaf Wegewitz often addresses questions as to whether nature has a soul and addresses, in his artistic search for form, the writings of Gustav Theodor Fechner: *Nanna. Pflanzenseele*, exhib. cat. Marburg (University Museum) 2002, Nikolaus Lang uses traces of worm infestation on the surfaces of wooden posts in order to create anonymous woodcuts: *N.L. Druckstock I*, 1980, exhib. cat. Hannover (Sprengel Museum) 1995.

[15] Christoph Loos, *ZimZum*, Cologne 2000.

[16] Friedrich Schiller, *Über naive und sentimentalische Dichtung*. ed. by Gerhard Fricke and Herbert G. Göpfert, Munich 1960, p. 695 and 716.

[17] Leander Petzoldt (ed.), *Historische Sagen*, Schorndorf 2001, Nr. 15, p. 16. In the meantime one finds the *Bocca della Verità* as coin-operated machines for making predictions at train stations.

[18] Timm Ulrichs, *Totalkunst*. exhib. cat., Lüdenscheid (Städt. Galerie) 1980.

[19] Examining such positions under the aspect of animism in relation to the calculatedly constructed claustrophobias of artists like Gregor Schneider and John Bock would seem to warrant a study on its own.

Lacrimae sunt rerum #1, #2, 2004 S. 91, 92/93

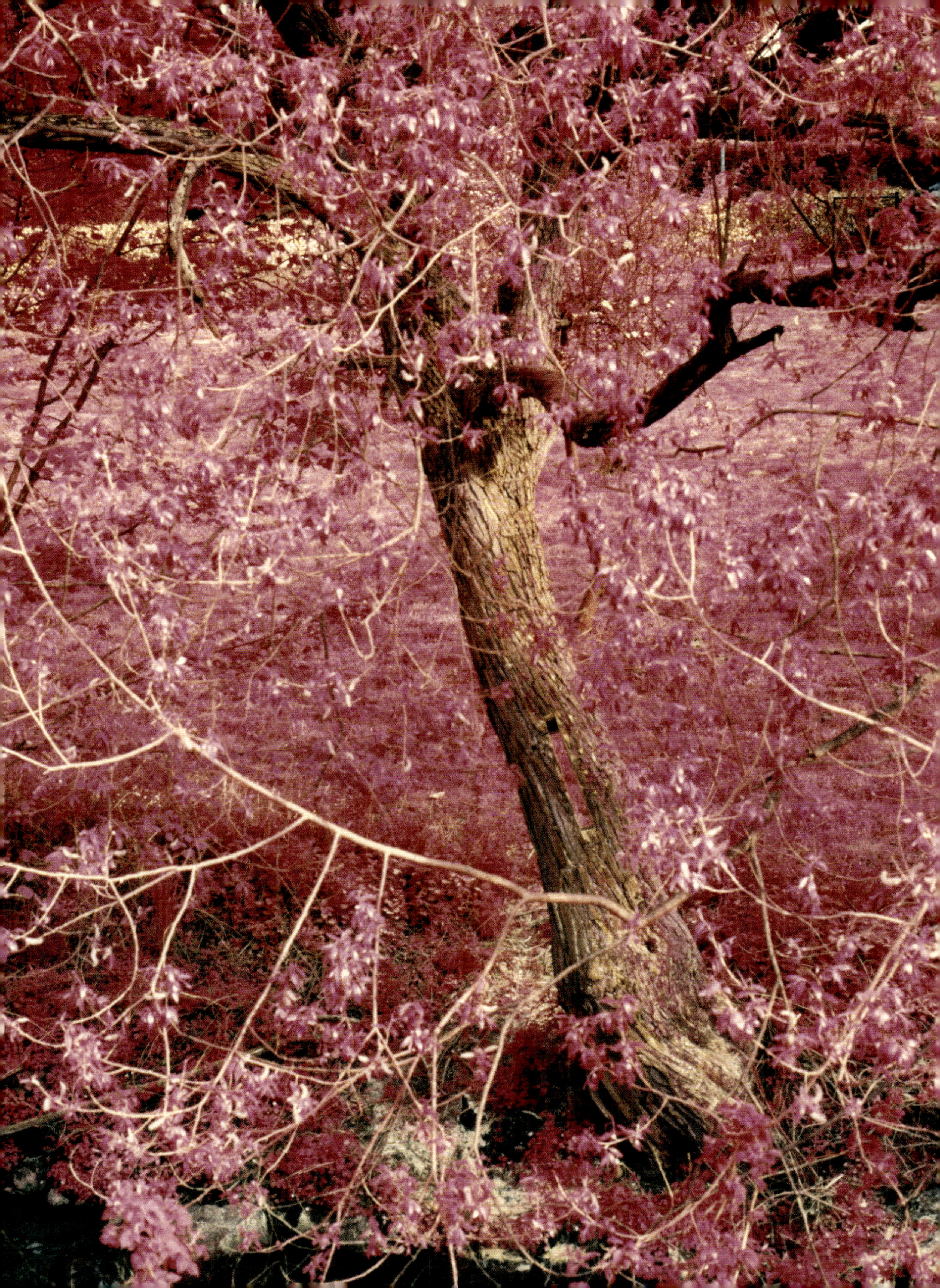

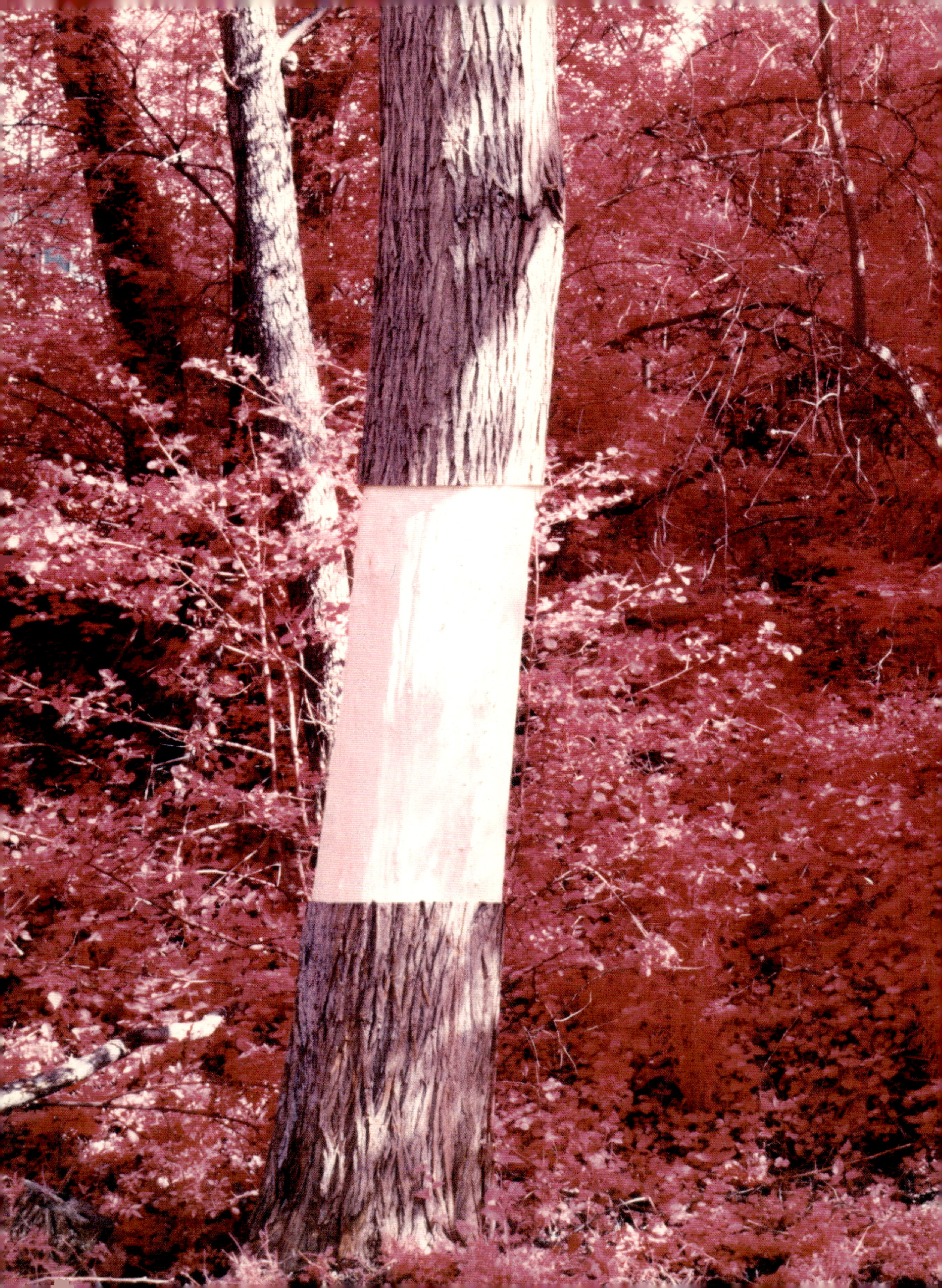

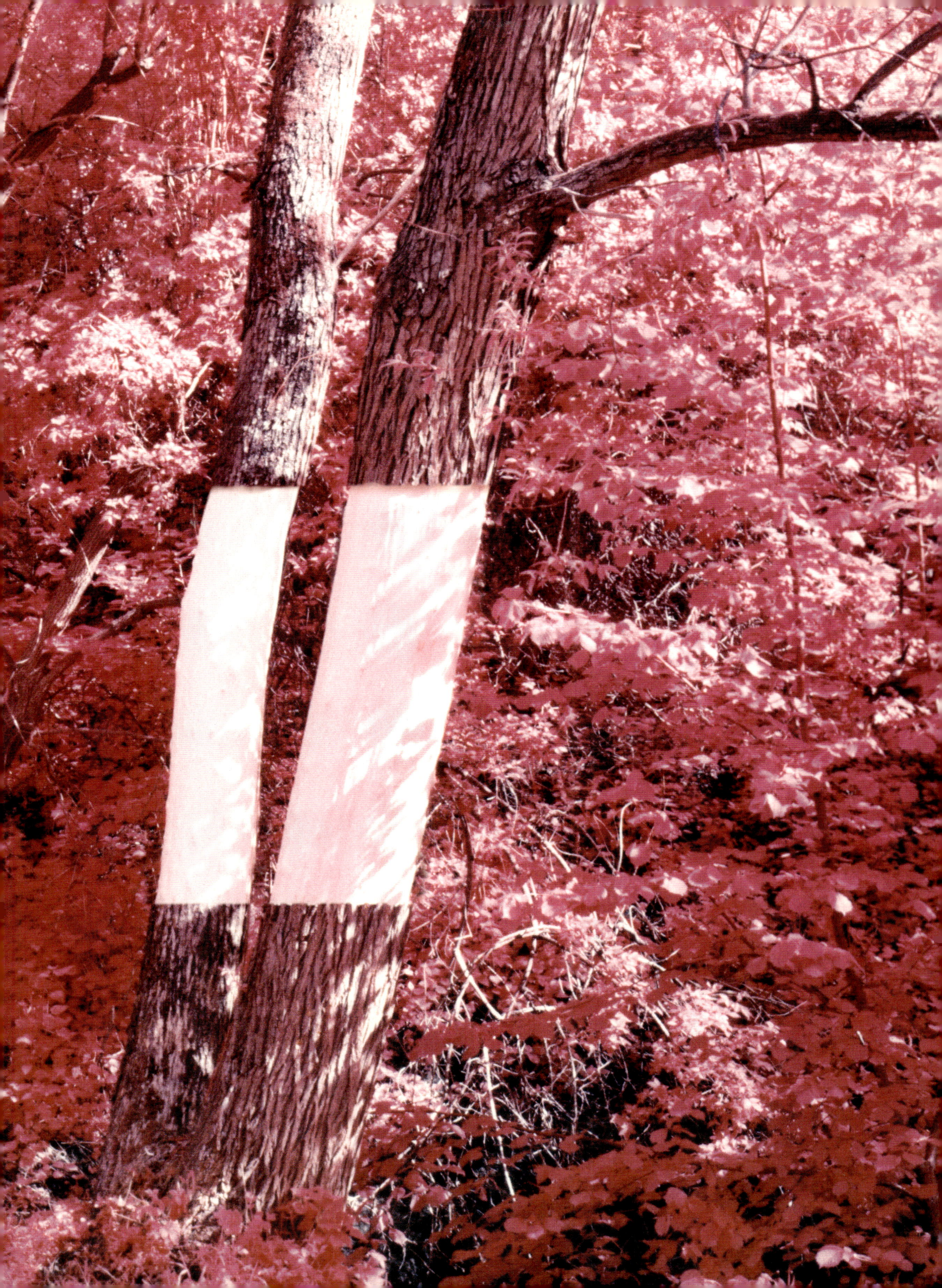

Lacrimae sunt rerum #3, 2004

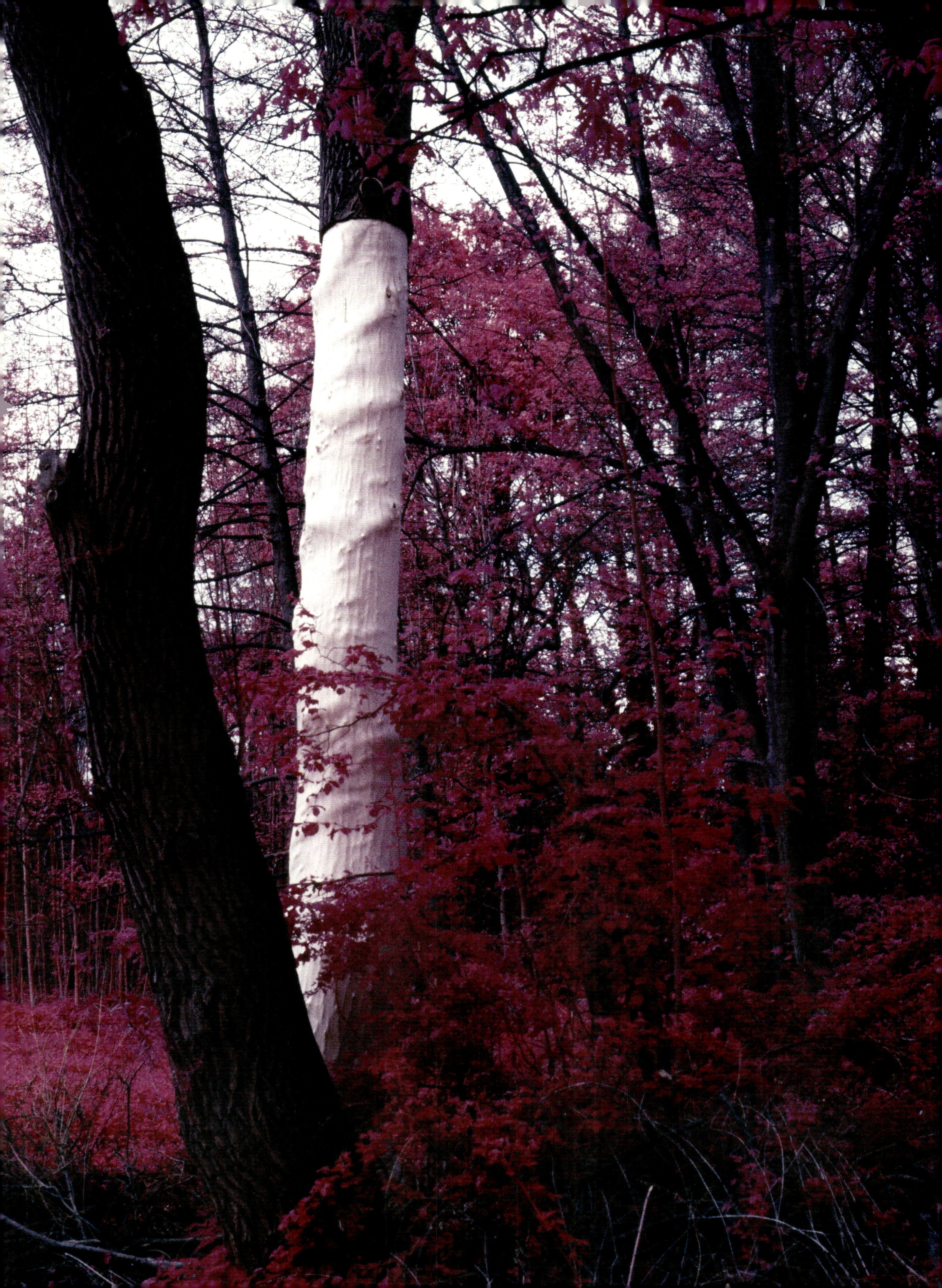

Lacrimae sunt rerum #4, 2004

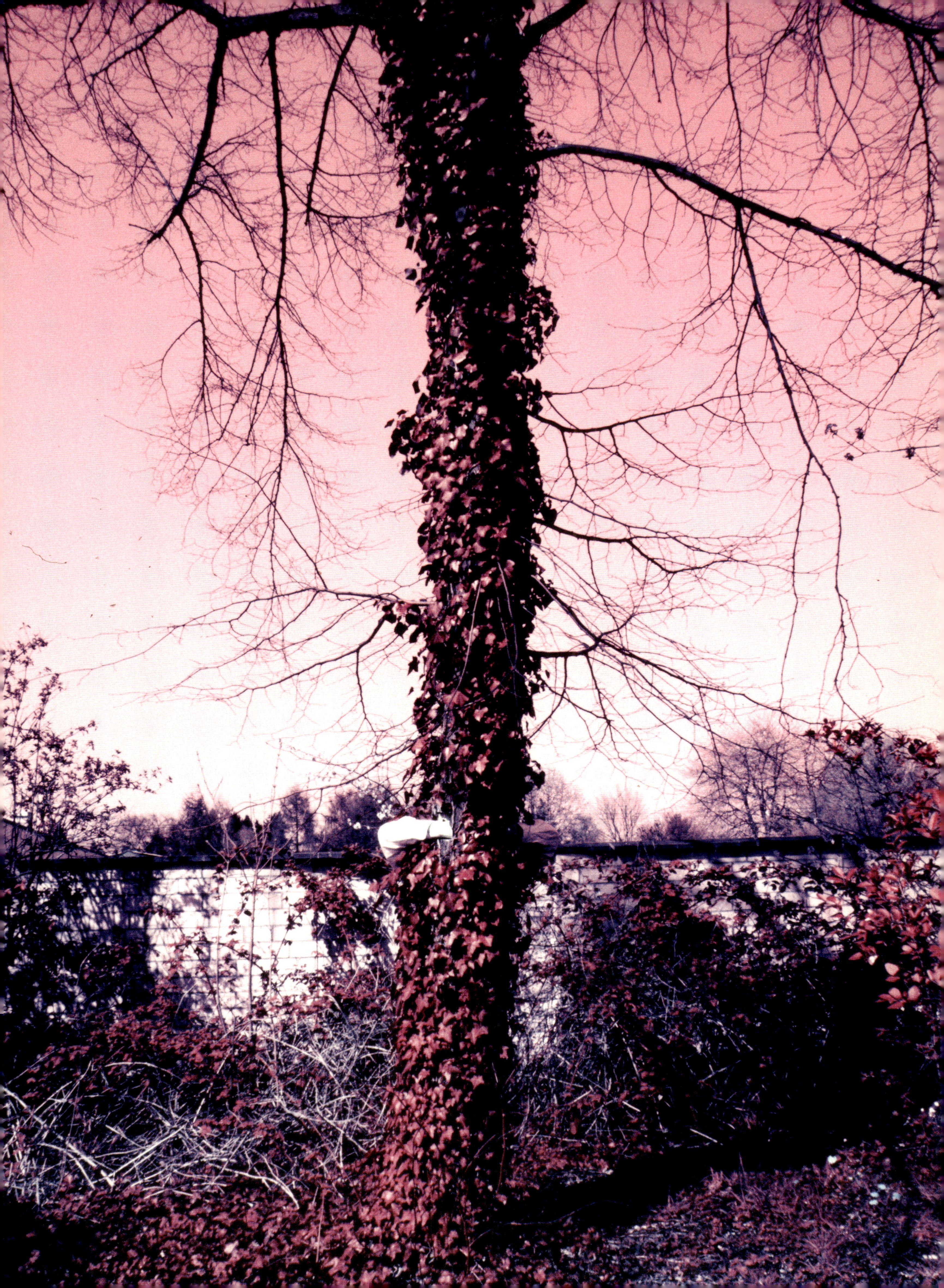

Nanna-Paradox #1, 2004

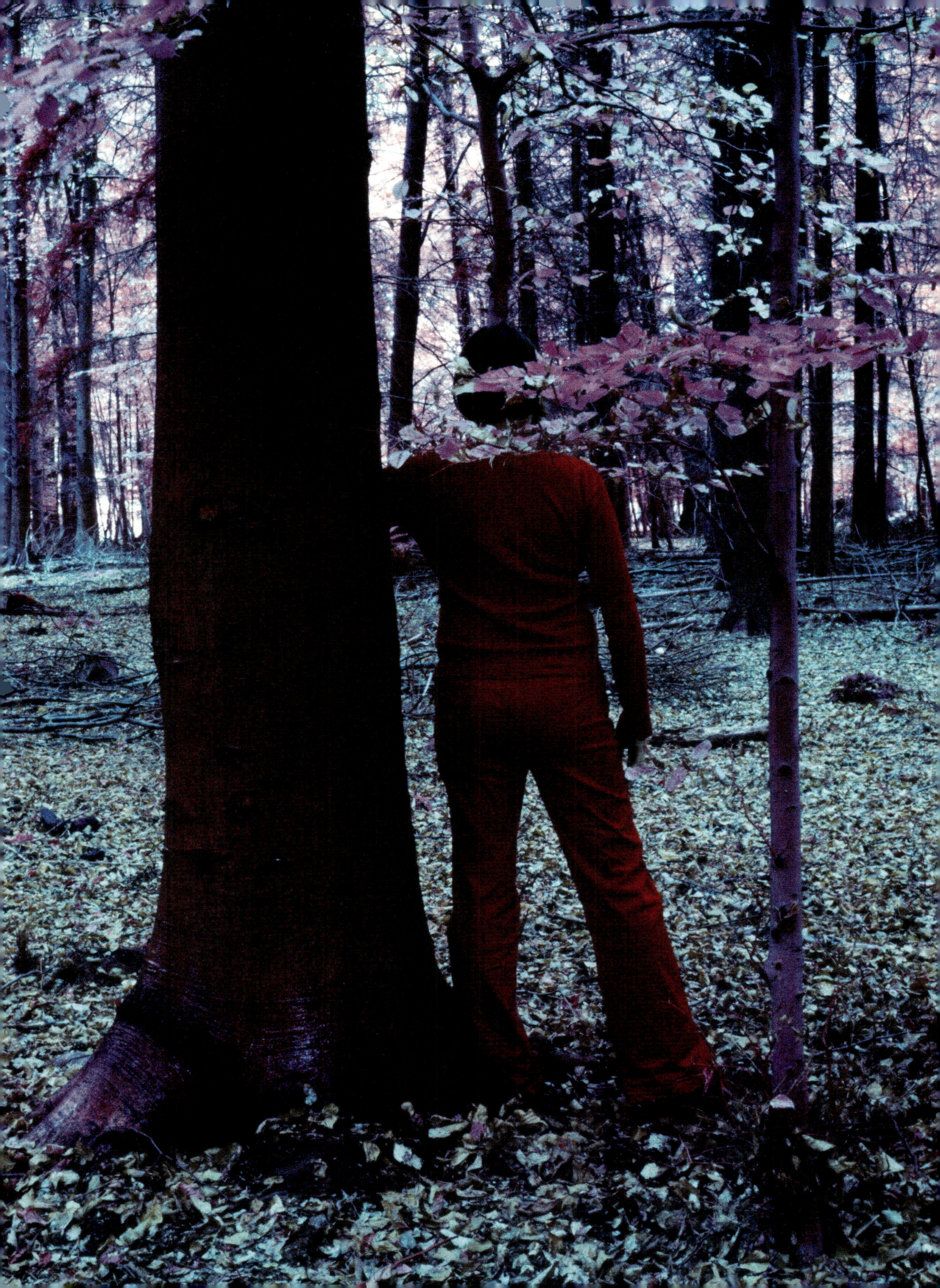

Nanna-Paradox #2, 2004

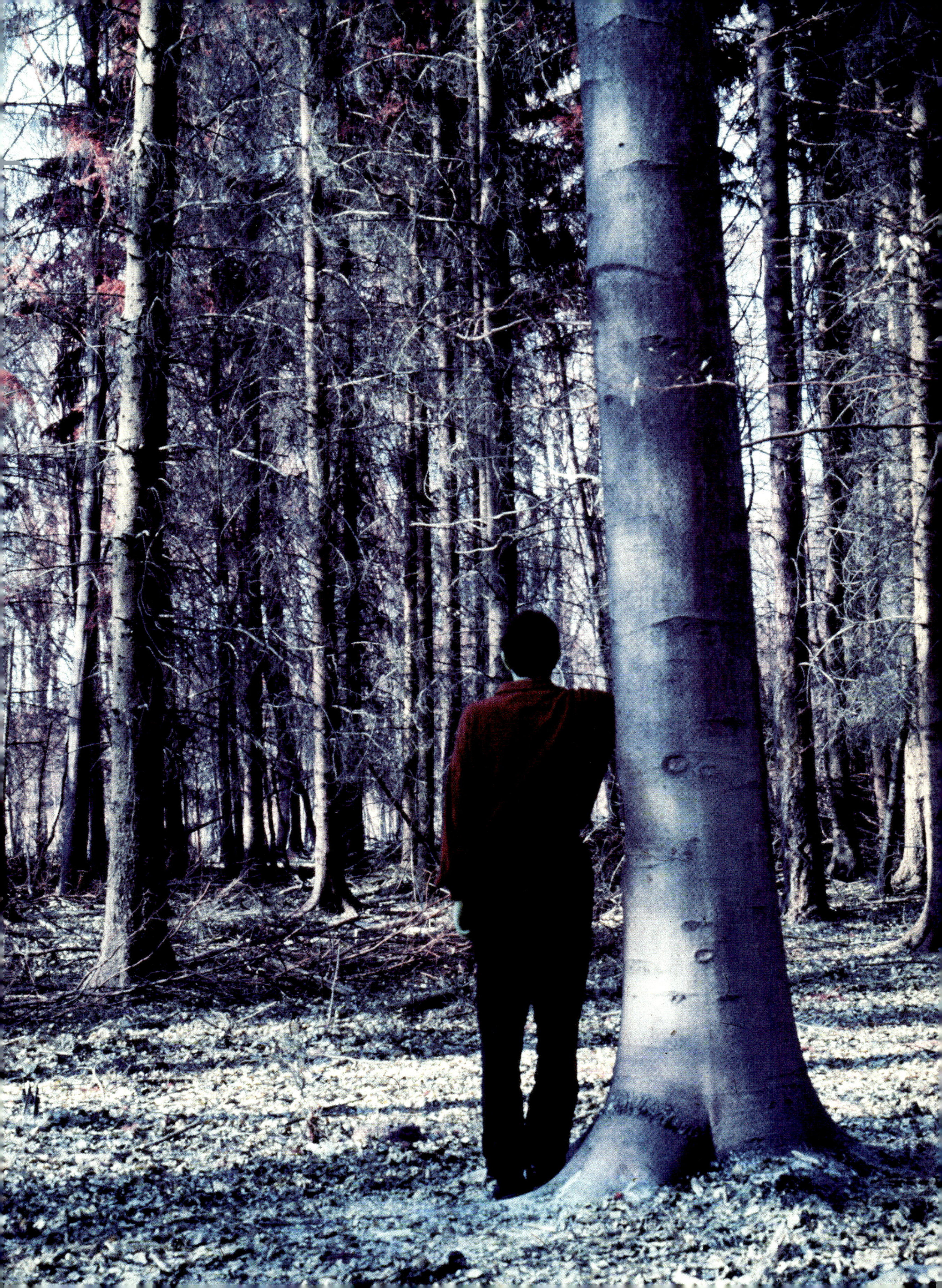

Nanna-Paradox #3, 2004

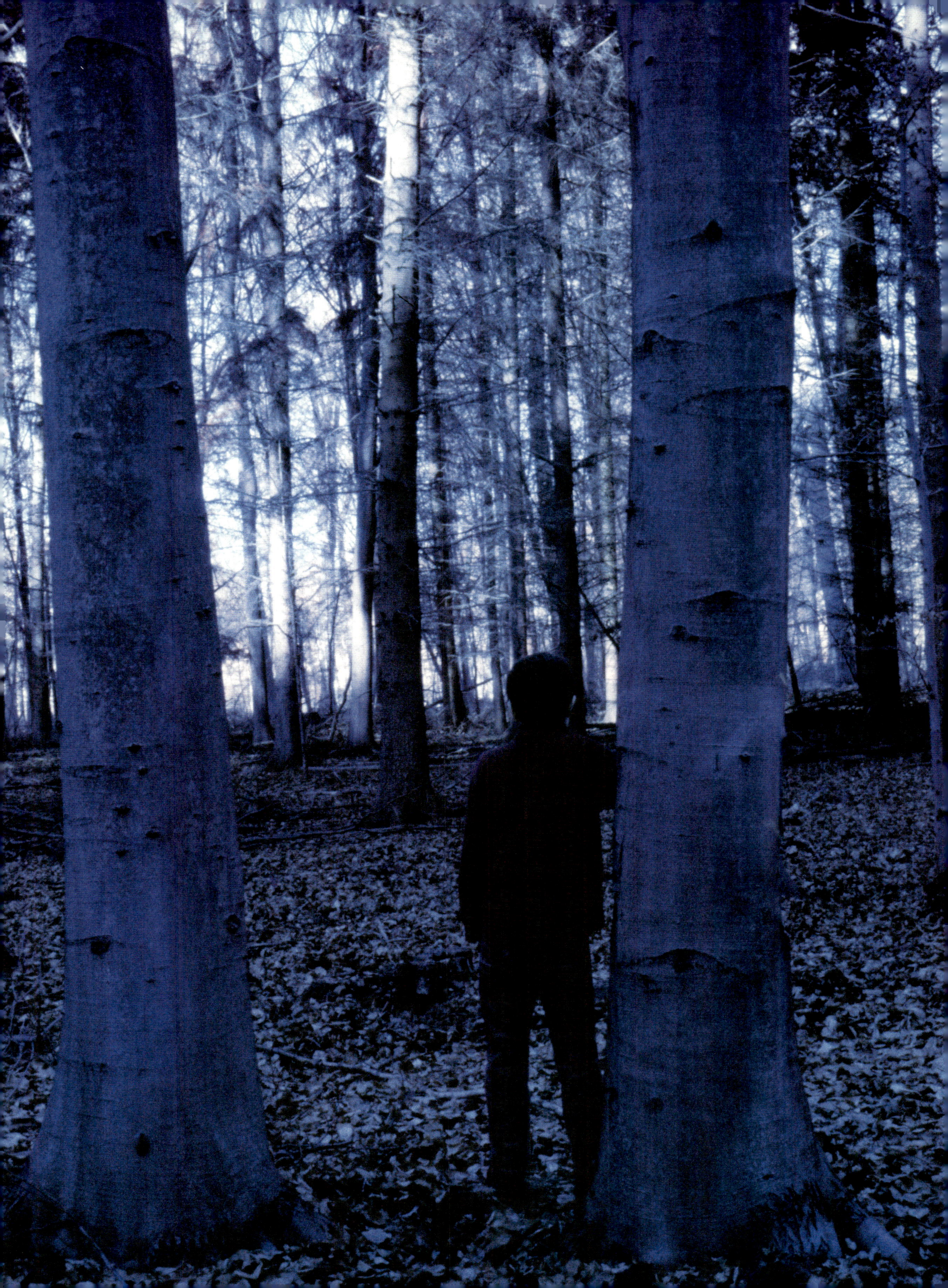

Nanna-Paradox #4, 2004

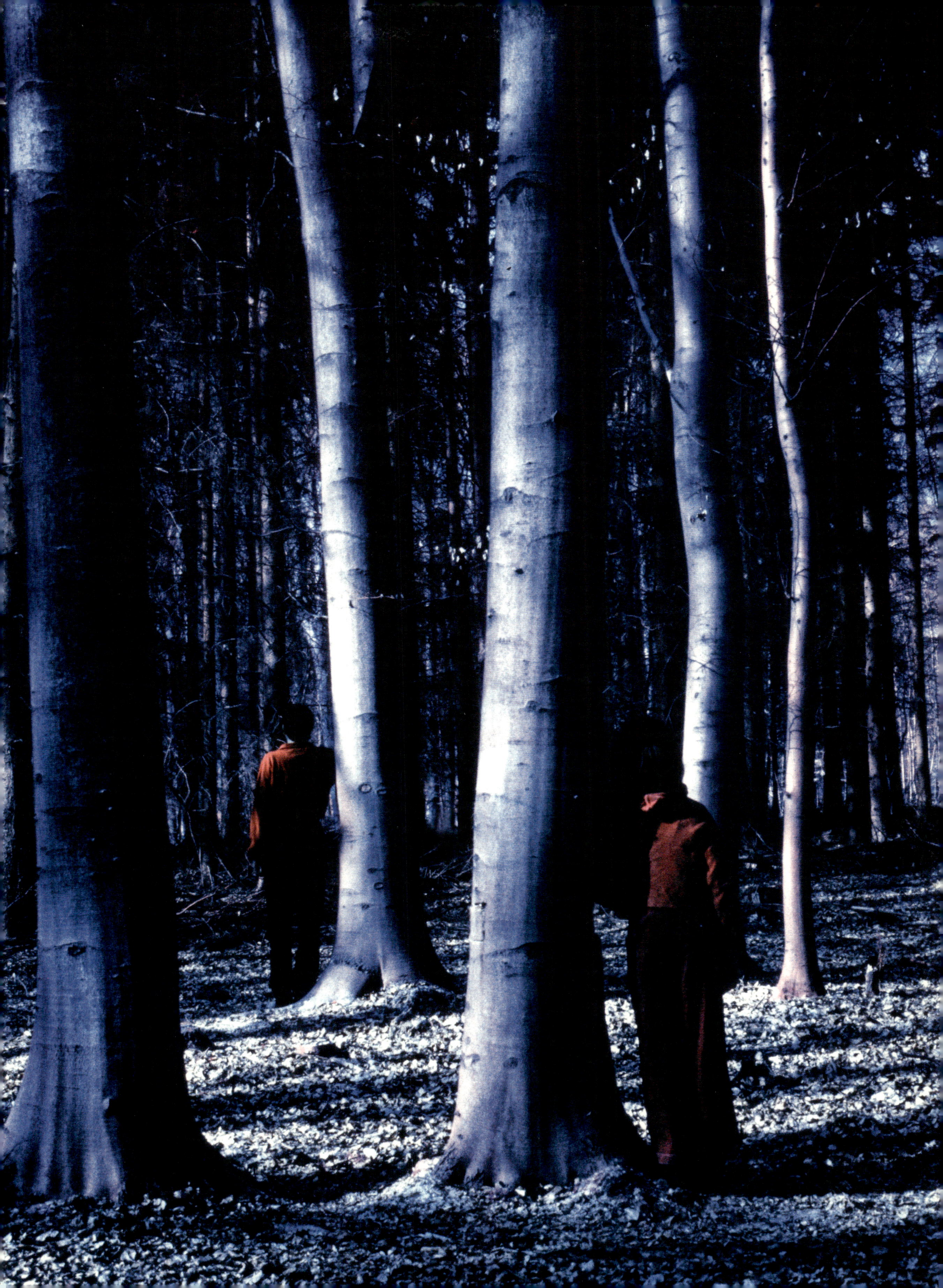

Nanna-Paradox #5, 2004

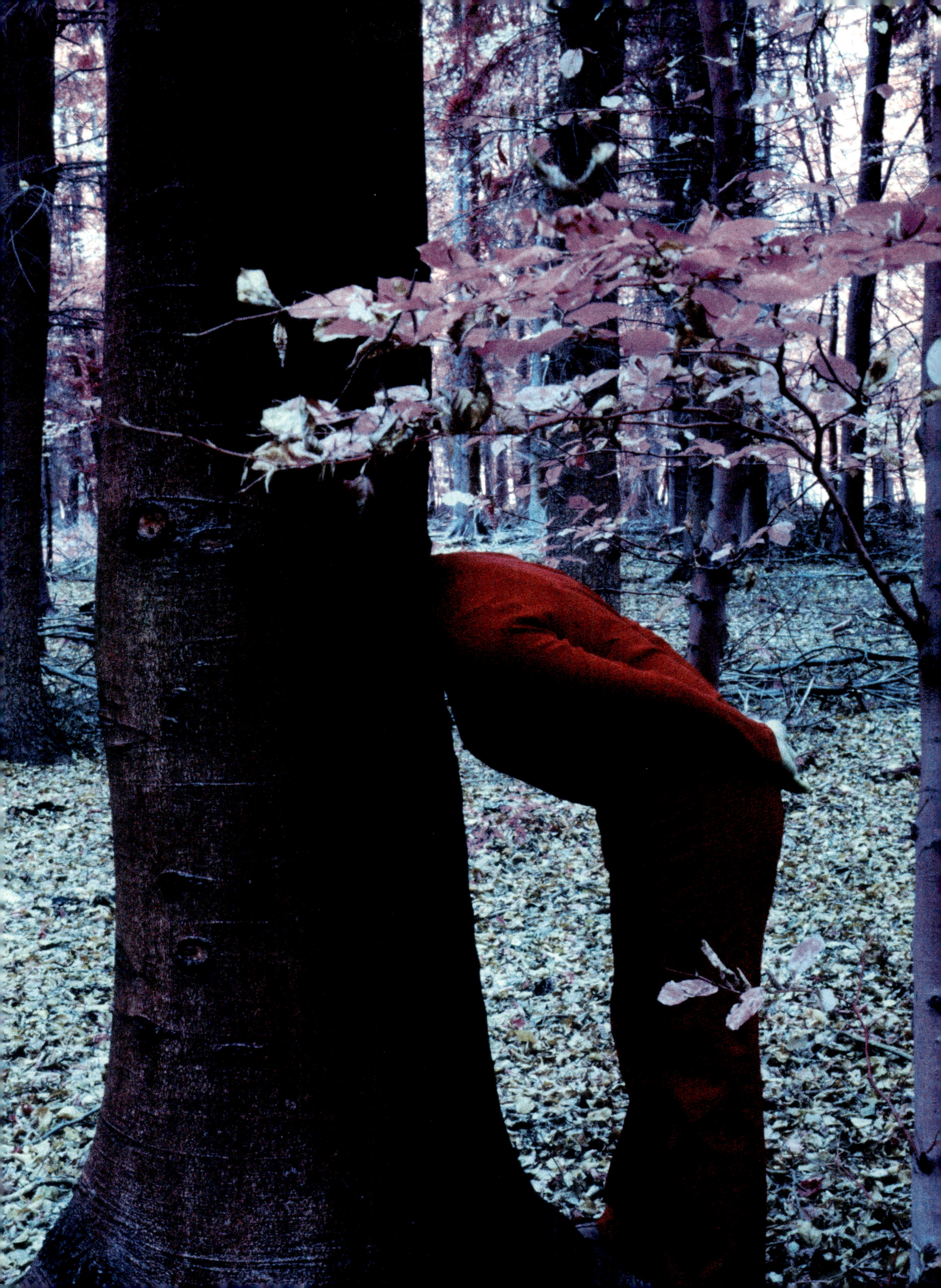

Nanna-Paradox #7, 2004

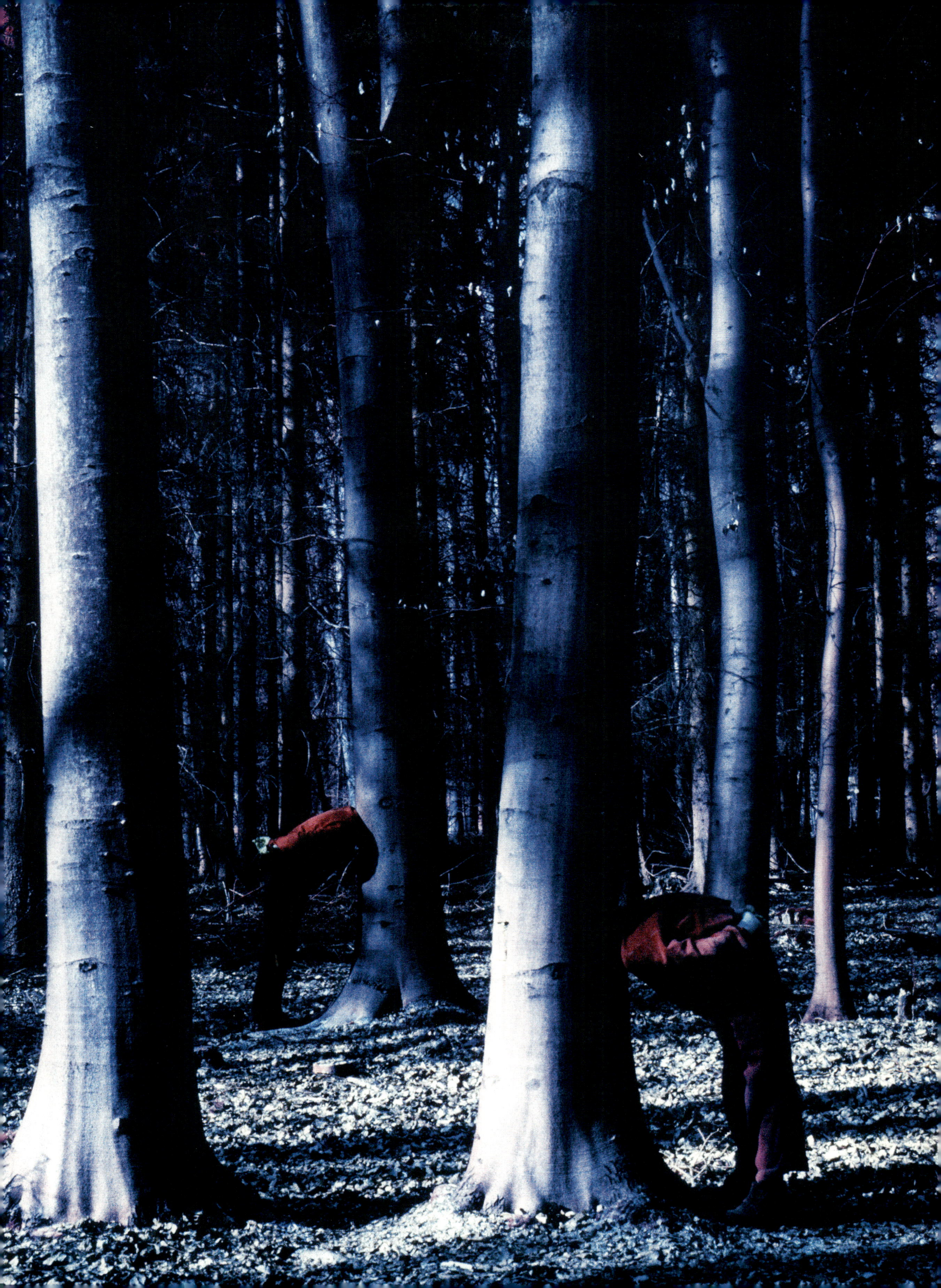

Nanna-Paradox #8, 2005

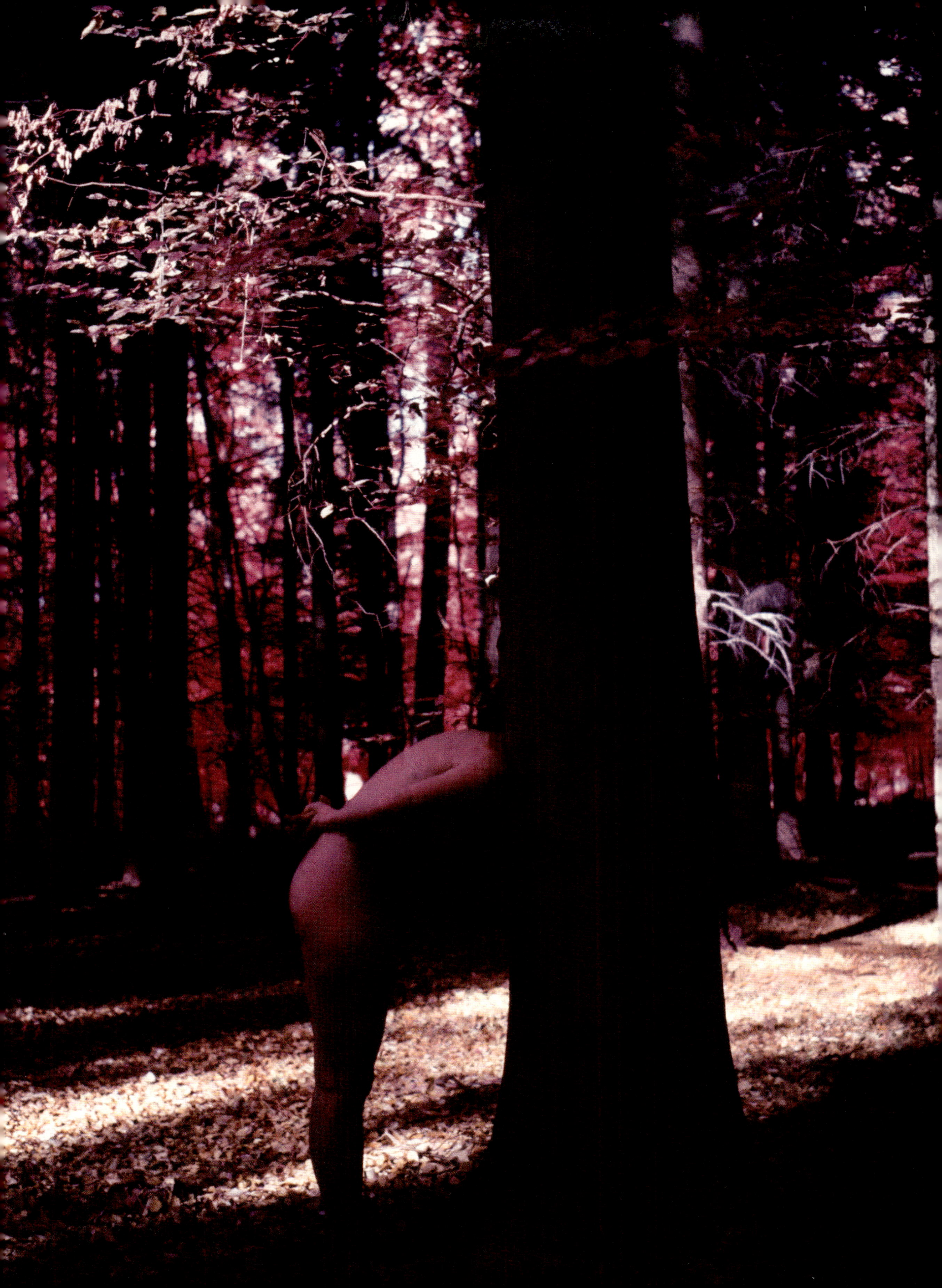

Nanna-Paradox #9, 2005

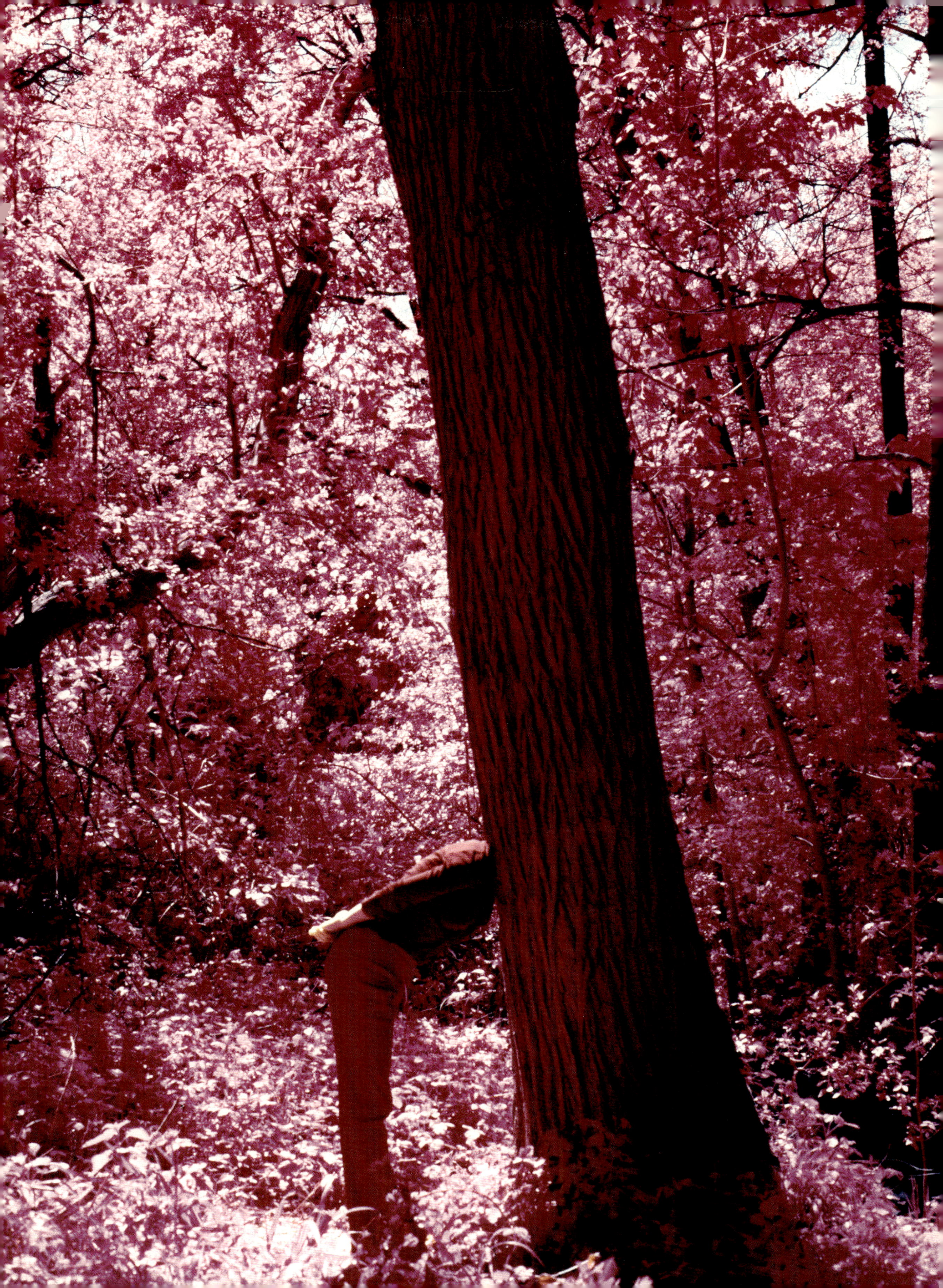

Nanna-Paradox #10, 2005

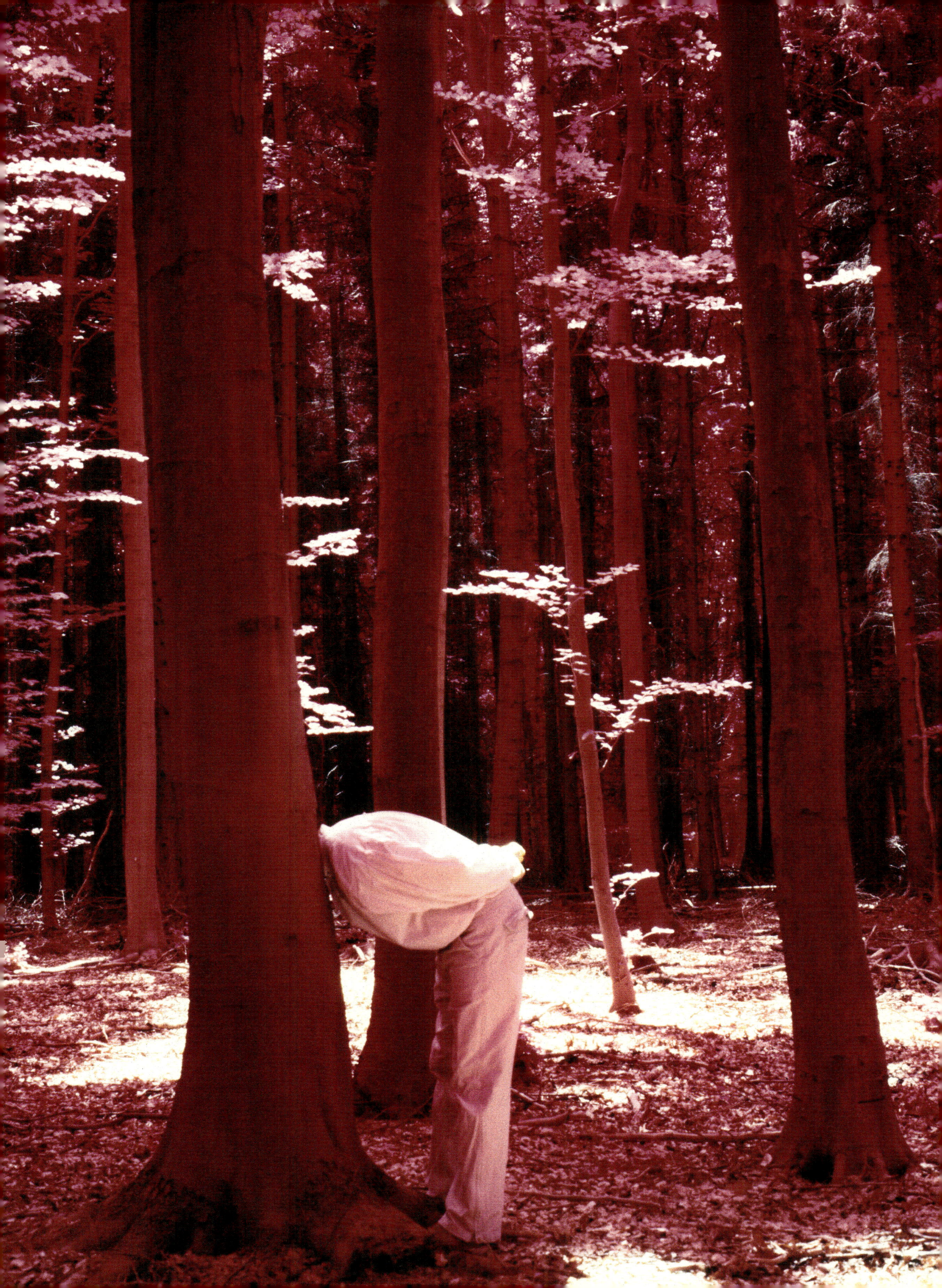

Nanna-Paradox #11, 2005

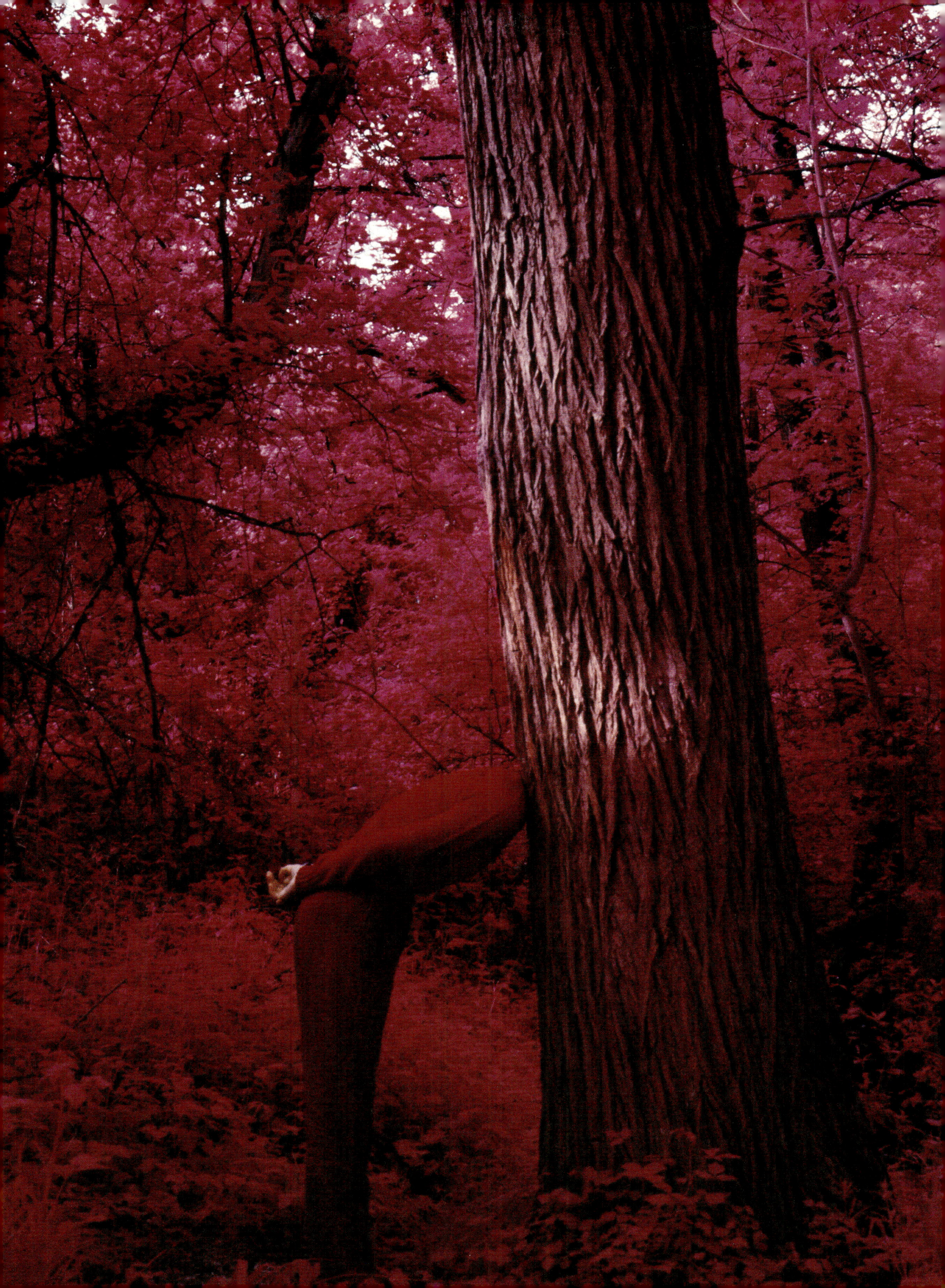

Nanna-Paradox #12, 2005

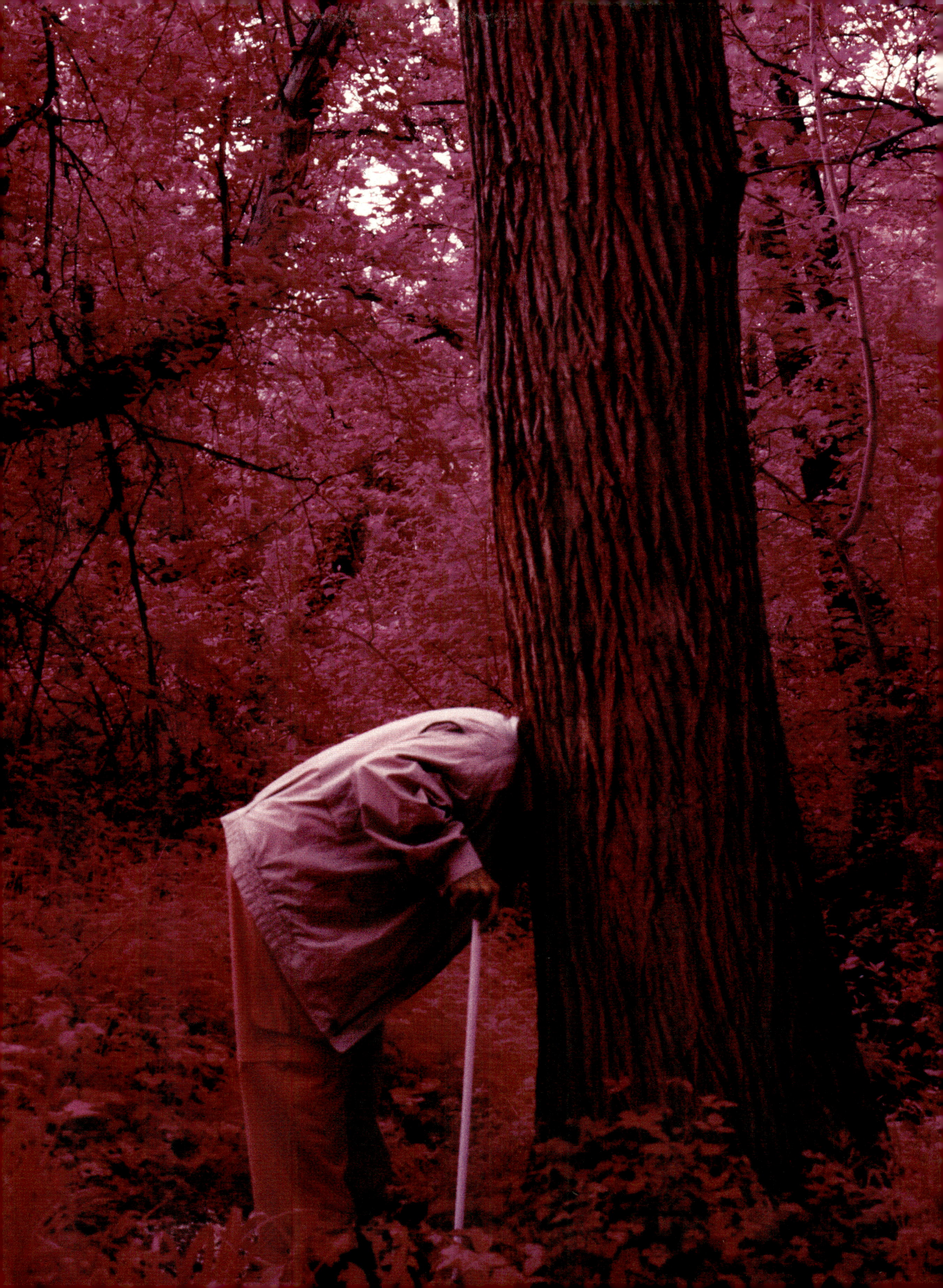

Nanna-Paradox #13, 2005

Nanna-Paradox #14, 2005

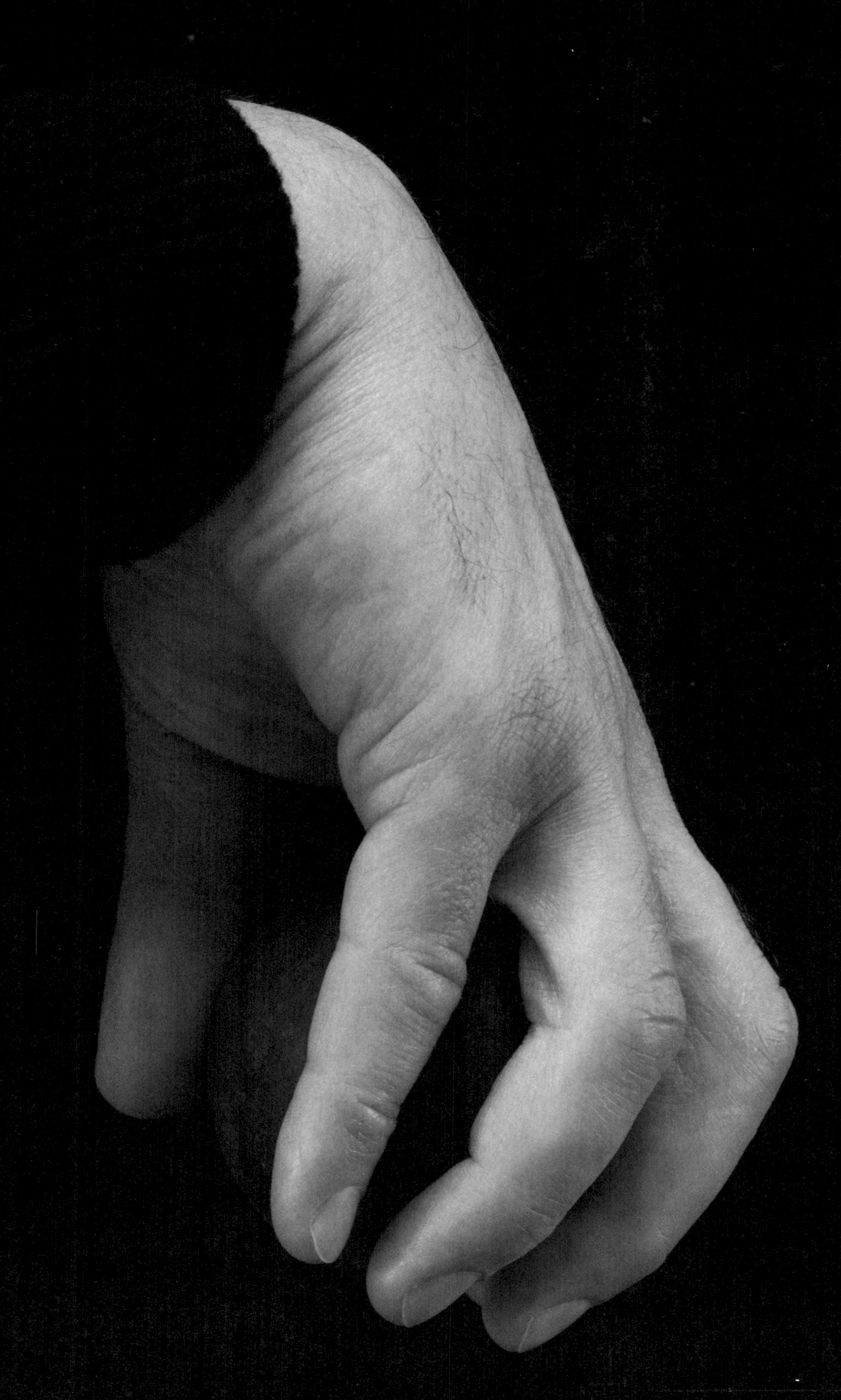

Materialien (Nanna-Paradox)

„,*Einmal vor sehr langer Zeit, da lebte ein alter Mönch in einem orthodoxen Kloster. Er pflanzte auf einem Berg einen trockenen Baum. Und zu seinem Schüler sagte er, er solle diesen Baum täglich wässern, bis er zum Leben erwachen würde. Und so füllte der Schüler jeden Morgen in aller Frühe einen Eimer mit Wasser und machte sich auf den Weg. Er stieg hinauf auf den Berg und wässerte den trockenen Baumstamm. Und am Abend, wenn es schon dunkel war, kehrte er zurück in das Kloster. So ging das drei ganze Jahre lang. Aber dann eines schönen Tages kam er auf den Berg und sah, daß sein ganzer Baum übersät war mit Blüten.*' Man kann sagen, was man will: Diese Methode, dieses System hat etwas großartiges. Manchmal, da sage ich mir: Wenn man nun jeden Tag zu genau der gleichen Zeit ein und dieselbe Sache tun würde, wie ein Ritual, unerschütterlich, systematisch jeden Tag, ständig zu genau der gleichen Zeit, dann würde sich die Welt verändern. Etwas in ihr würde sich verändern. Es könnte gar nicht anders sein."

" '*Once upon a time, long ago an old monk lived in an orthodox monastery. He planted a withered tree on a mountainside. Then he told his pupil to water the tree each day until it came to life. Every morning he filled a water carrier and went out. He climbed the mountain and watered the withered tree and at night fall he returned to the monastery. He did this for three years and one fine day, when he climbed the mountain, he saw the tree covered in blossom*'.
You can say whatever you want – there is something great about this method, this system. Sometimes I say to myself – if every day at the very same time you did the same thing, like a ritual, unwavering, systematically every day, always at exactly the same time, then the world would change. Something in it would change. It couldn't be any other way."

Filmszene aus *Opfer (Offret, S/GB/FR 1986, Regie: Andrej Tarkowskij)*

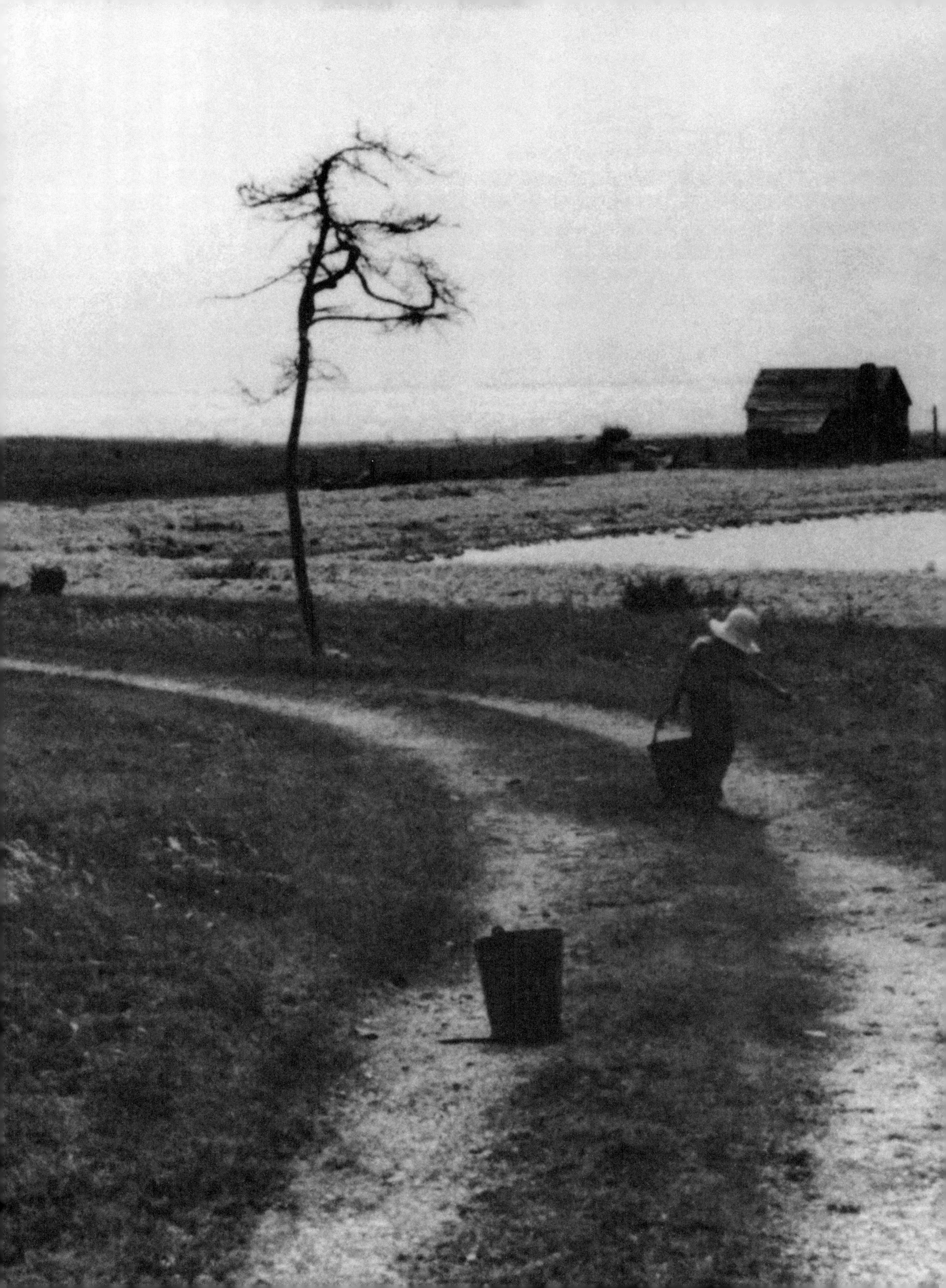

Man soll sich hüten, Zeit und Gesellschaft bei ihrem wirklichen Namen zu nennen. Man soll hindurch gehen wie durch einen bösen Traum; ohne nach rechts oder links zu blicken, mit zusammen gepreßten Lippen und starren Augen. Man soll sich hüten zu sprechen, zu reagieren. Man wird gut daran tun, nicht einmal beim Erwachen sich einzugestehen, was man geträumt hat. Von Vorteil wird es sein, zu vergessen und abermals zu vergessen; fallen zu lassen und kein Aufhebens davon zu machen, wenn man vergessen kann. Freilich wer hat die Kraft dazu? Wer mag von göttlichen Dingen so erfüllt sein, daß ihm der Ansturm nichts anzuhaben vermag? Wer hat sein Herz und die Phantasie so geschlossen, verwahrt, daß keinerlei Giftstoff hineindringt und sie zersetzt? Mitunter scheint mir, als sei ich der dunklen Magie bereits rettungslos verfallen; als sei schon mein tiefstes Versinken mit einem so drohenden Alp erfüllt, daß ich die Unschuld der Dinge nicht mehr zu sehen vermag. Denn was ist es, daß ich das Leben um seiner selbst willen suche? Ist so viel Tod in mir, oder in meiner Umgebung? Woher kommt, was mich bewegt? Von der Finsternis oder vom Lichte?

One should guard against calling time and society by their real names. One should go right on through, as if through a bad dream; without looking left or right, with tightly pressed lips and staring eyes. One should guard against speaking or reacting. One had better not even confess to oneself on waking what one has dreamed. It is better to forget and forget again; to let things drop and not make a fuss if one can forget. But who really has the strength for that? Who can be so filled with divine things that the assault can do him no harm? Who has closed and guarded his heart and imagination so tightly that no venom can get in and undermine them? Sometimes I feel as if I have already been irretrievably enslaved by black magic; as if even my deepest sleep were filled with such a threatening nightmare that I could not see the innocence of things any more. For why is it that I seek life for its own sake? Is there so much death in me or in my environment? Where does my motive force come from? From darkness or from light?

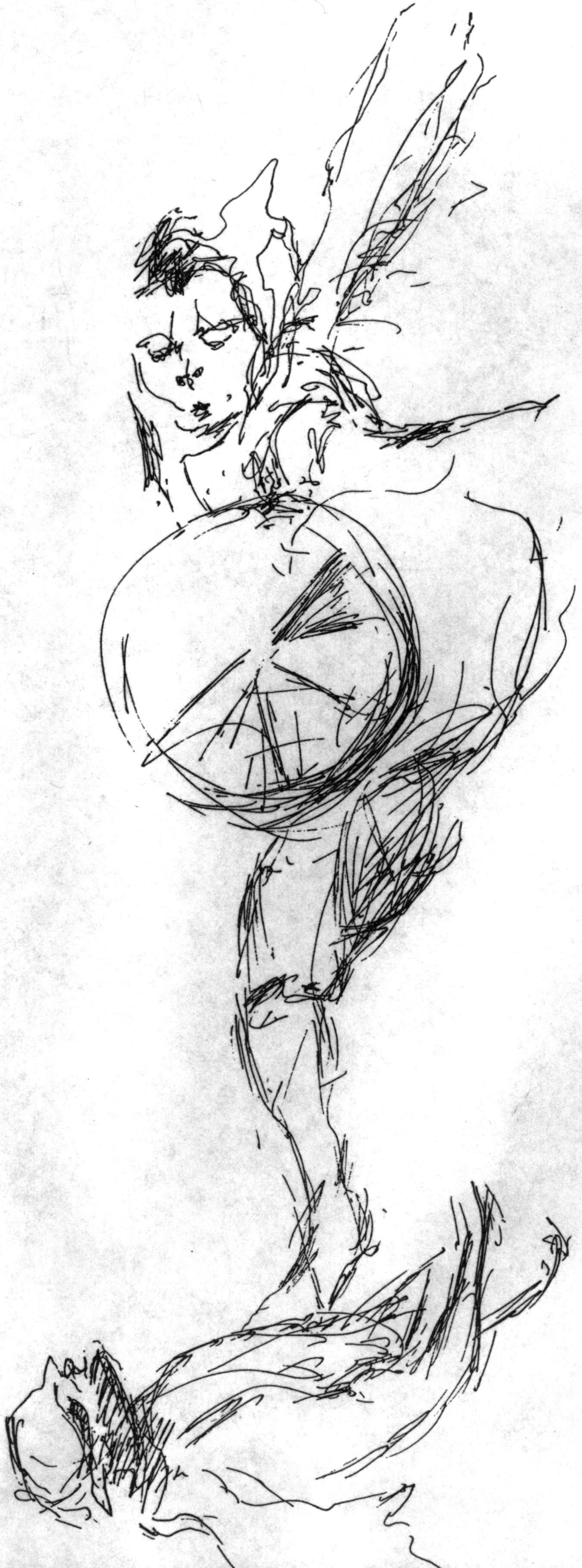

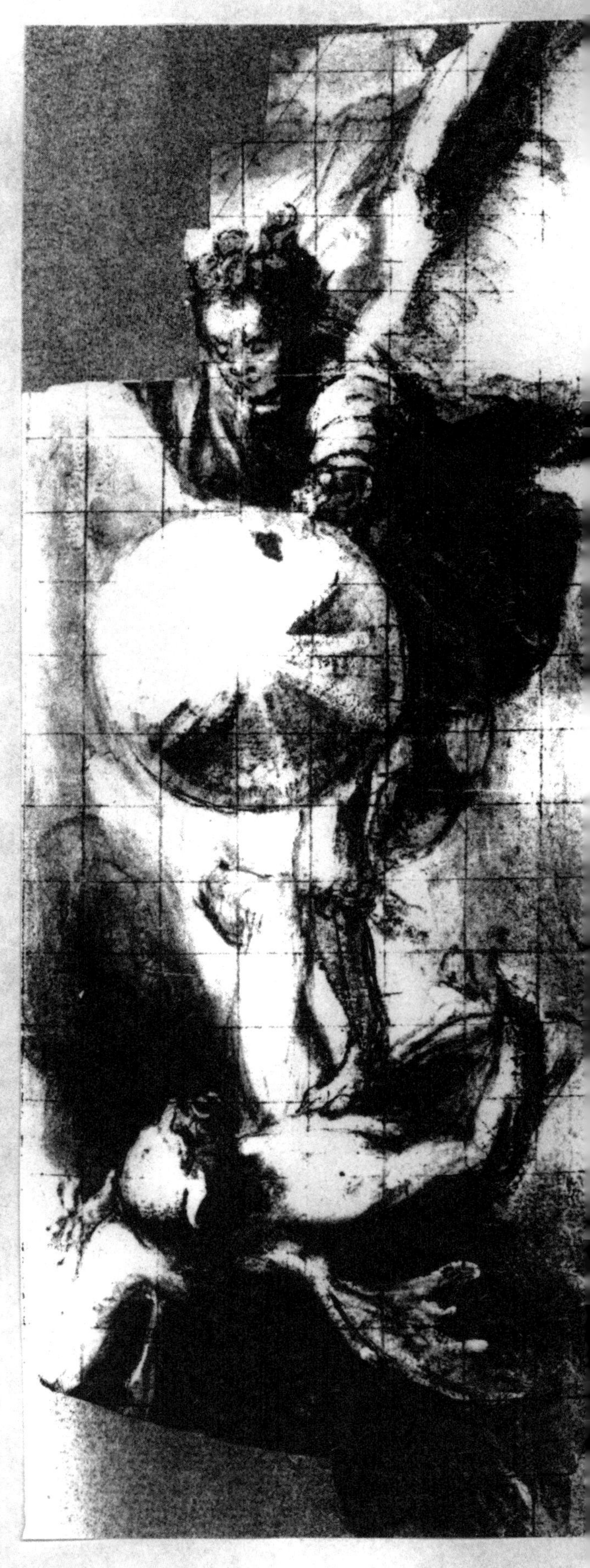

Das Innere aber, das wir dem Außen entgegenstellen (so wenn wir zum Beispiel von Innenleben sprechen), ist gar nichts Inneres, auch nichts Äußeres; oder besser, es ist nur in einem gewissen Sinne innen: Wie ausgesandte oder empfangene Wellen zirkuliert es und materialisiert sich, wenn es auf das Außen stößt. Deus interior intimo meo, Gott mir innerlicher als ich selbst, absolut innen, absolut nicht draußen. Gott, Innen des Wortes, Atem. Wer das Wort handhabt, ist Gott näher, hat also die Pflicht, das Wort zu achten, weil es den Atem trägt, anstatt ihn zu verbergen, ihn erstarren oder verlöschen zu lassen. Das Wort: durchlässig, offen für den Atem. So sind uns die Täler lieb, die Flüsse, die Wege, die Luft. Sie weisen uns auf den Atem hin. Nichts ist vollendet, abgeschlossen. Man muß spüren, wie dieser große Hauch alles durchatmet und daß die Welt nur seine flüchtige Form ist.

But the inside we set against the outside (when we speak about the inner life, for instance) is by no means inside, by no means outside, it circulates, and materializes if it hits the outside. Deus interior intimo meo: God more "inside" than I myself, absolutely inside, absolutely not outside. God inside the word, Breath. Those who manipulate words are closer to God; it is their duty, therefore, to respect the word because it carries the breath, instead of hiding, codifying, extinguishing it. A passage of words, an opening left for the breath. That is why we like valleys, rivers, roads, the air. They give us intimations of that breath. Nothing is accomplished. One must feel that exhalation, and feel that the world is only the transitory shape of the breath.

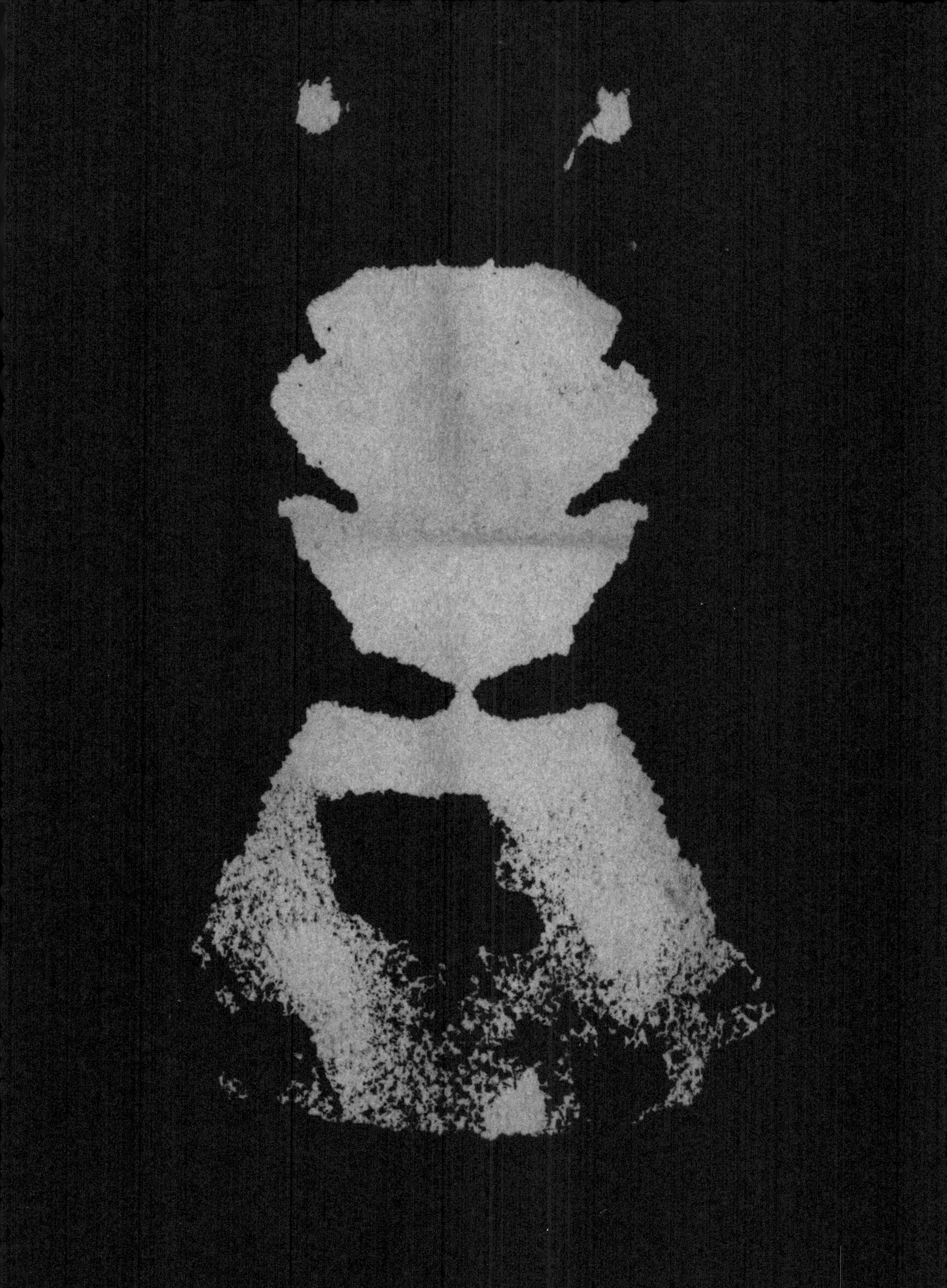

... die Bäume sind heute ja viel intelligenter als die Menschen.
Wenn der Wind durch die Kronen geht, dann geht zu gleicher Zeit durch die Krone,
was die leidenden Menschen an Substanz auf die Erde gebracht haben.
Das heißt, die Bäume nehmen das längst wahr.
Und sie sind auch schon im Zustand des Leidens.
Sie sind entrechtet. Sie wissen das ganz genau, daß sie entrechtet sind.
Tiere, Bäume, alles ist entrechtet. ...

... today the trees are indeed more intelligent than people.
At the same time the wind blows through the tree tops, the very substance that the suffering people
carry on the earth moves through the tree tops.
This means that the trees have perceived that for a long time.
And that they also share the condition of suffering.
They are deprived. They know exactly that they are deprived.
Animals and trees are deprived, and everything is deprived. ...

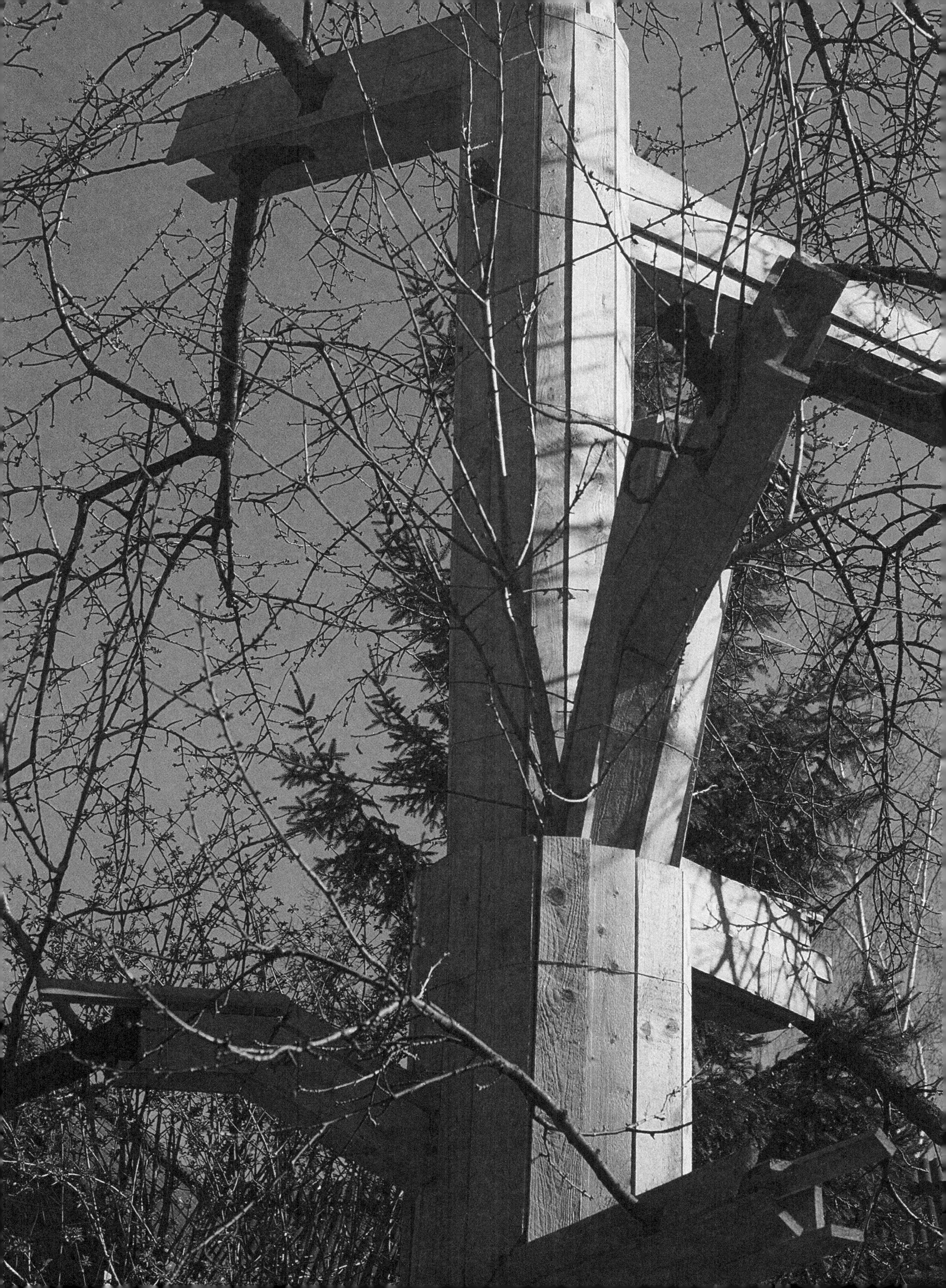

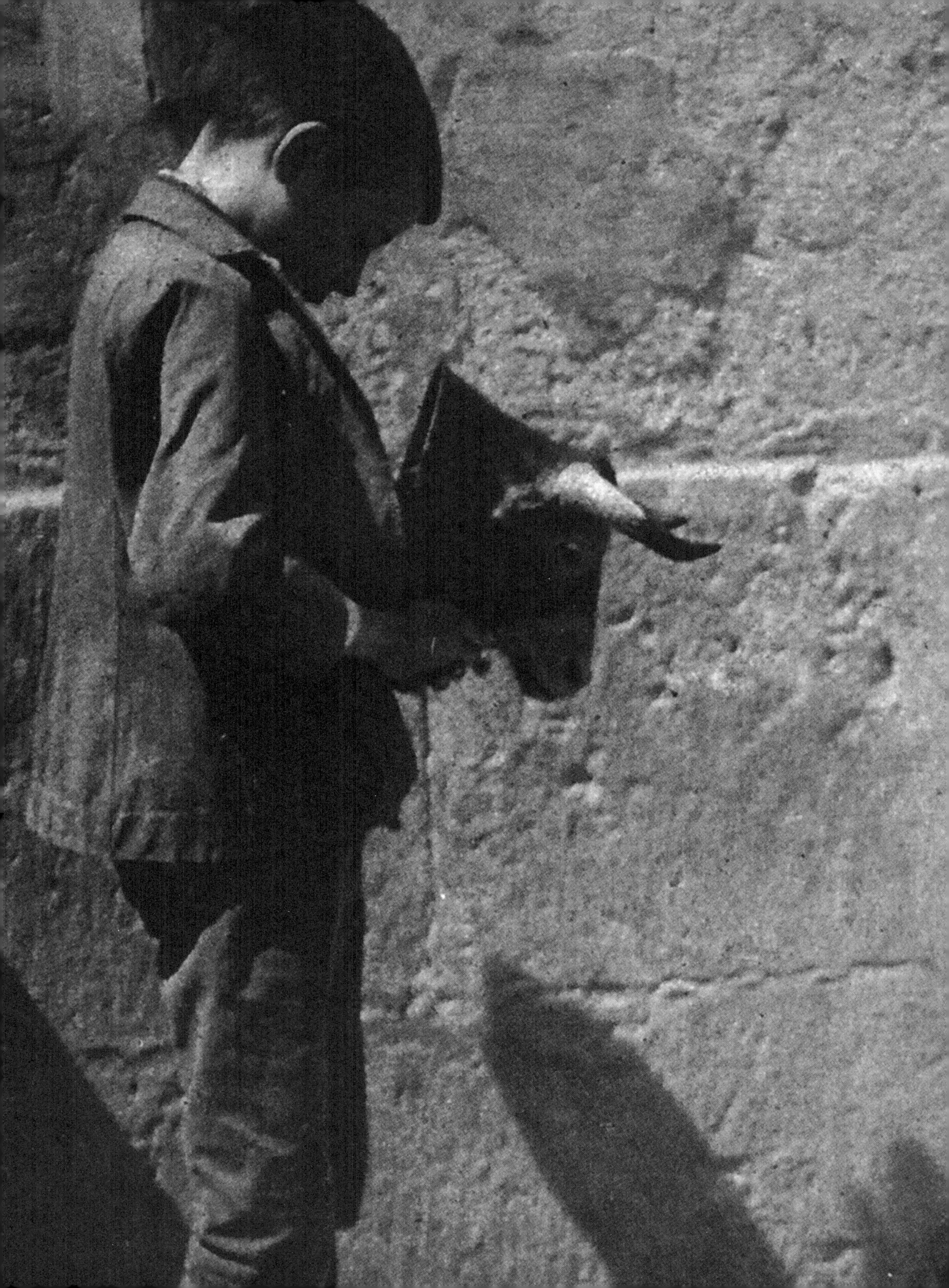

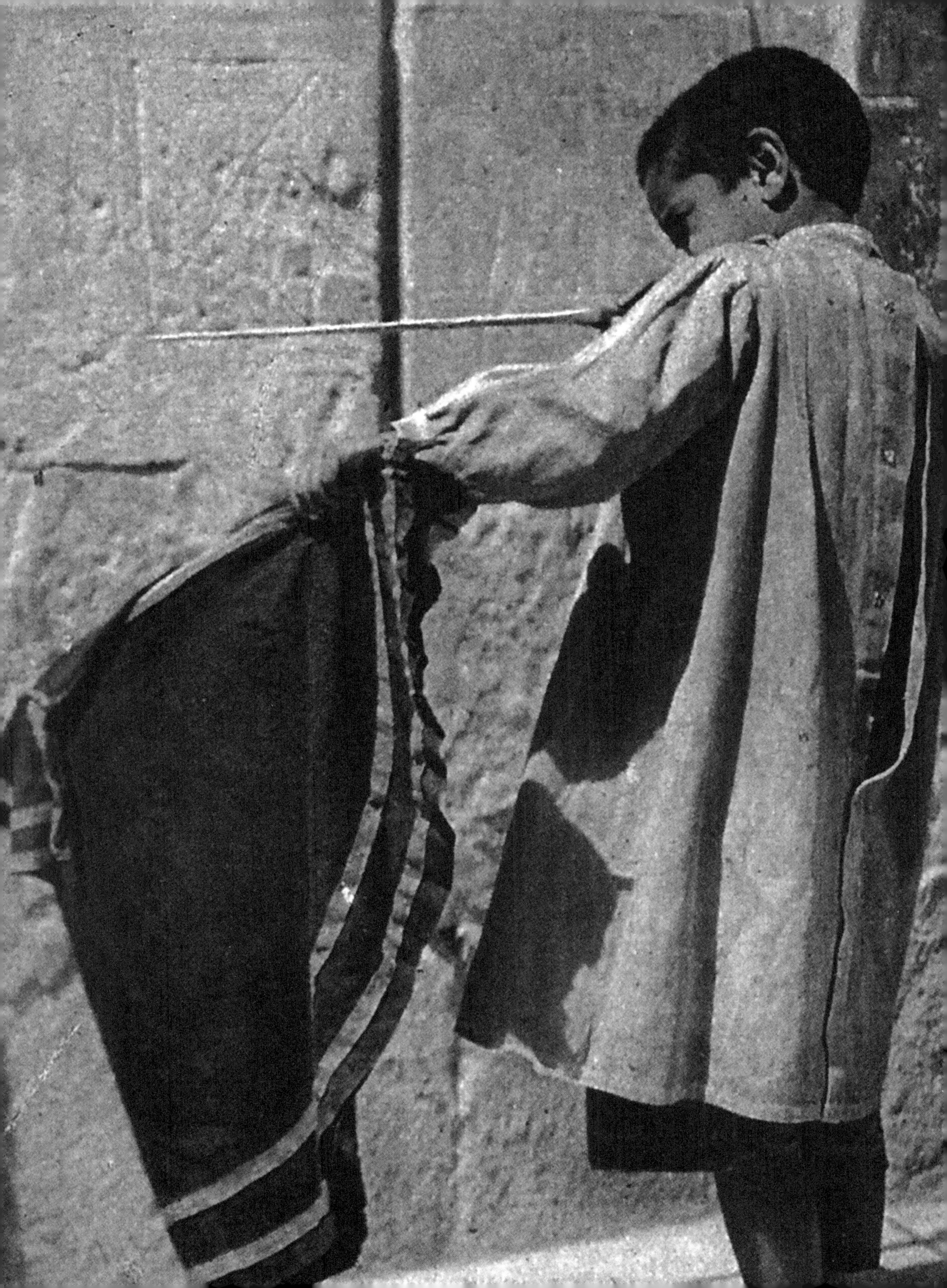

Bird Sculpture

The sky expresses our subconscious and connects with everything in the world. But we do not know it. Birds are messengers from the sky, they bring new thoughts from our subconscious. Inviting birds means inviting new thoughts. So we try to invite them from the sky. Some birds will leave droppings. These droppings include different seeds. We plant these seeds in flower pots. After one month, these seeds will become saplings. Wild cherry, rowan, juniper, sea buckthorn and so on. Then we will raise these plants. In the future they will make a forest. It will be named “Bird Sculpture”.

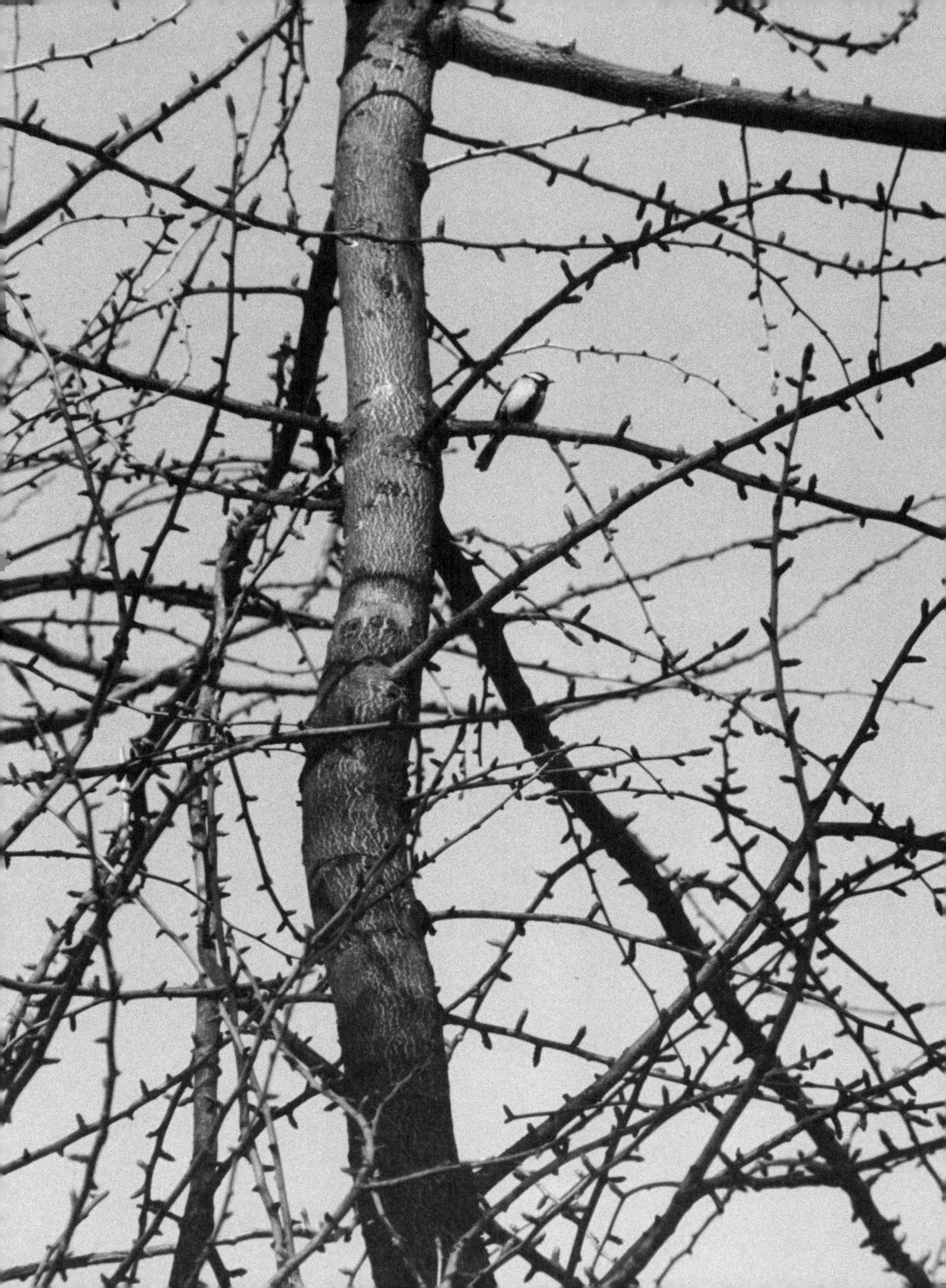

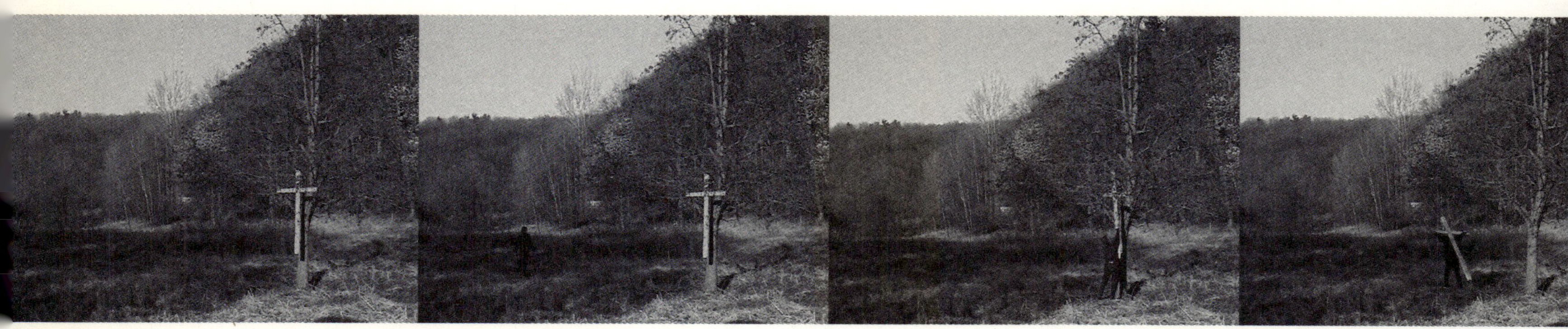

Ob man sich ein Herz auf die Stirn tätowieren sollte?
Alle Welt würde dann sehen: das Herz ist ihm in den Kopf gestiegen. Und da es ein tintenblaues Herz,
ein agonisches Herz wäre könnte man auch sagen: der Tod ist ihm in den Kopf gestiegen.
Wir brauchen nur aufzuschreiben, wie tief uns der Schrecken traf.

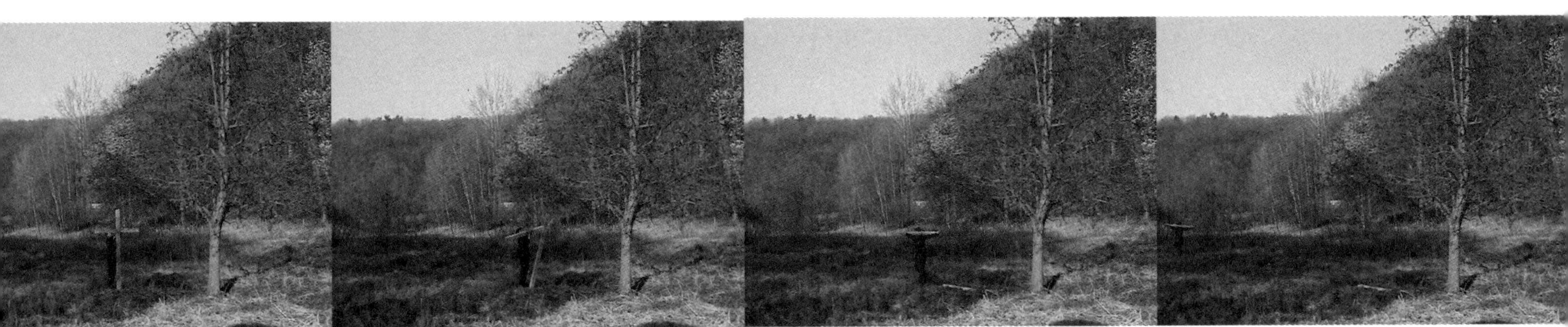

Should one have a heart tattooed on the forehead?
Everyone would then see that his heart has gone to his head. And since it would be an inky blue heart, a deathly blue, an agonized heart, they could also say: Death has gone to his head.
We need only record how deeply the horror struck us.

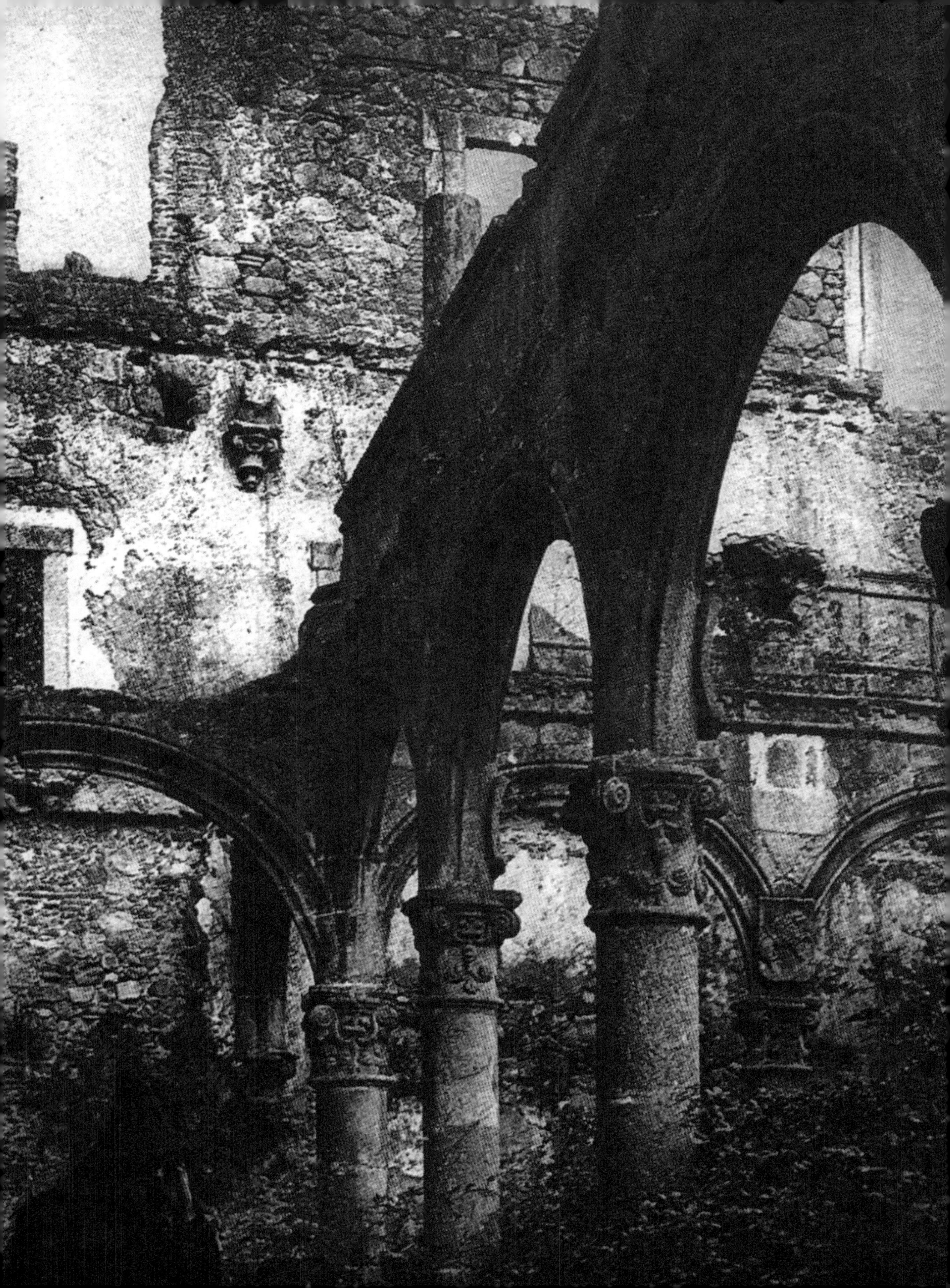

Bild- und Zitatnachweis: Materialien (Nanna-Paradox)
Credit: Materials (Nanna-Paradox)

Seite 126/127: Andrej Tarkowskij, *Opfer*, Film von 1982

Page 126/127: Andrei Tarkowsky, *The Sacrifice*, film from 1982

© Svenska Filminstitutet, Argos Films, Film Four International, Josephson & Nykvist HB, Sveriges Television, Sandrews/Cinetext Bildarchiv

Seite 128: Hugo Ball, *Die Flucht aus der Zeit*, Limmat-Verlag Zürich 1992, S. 52

Page 128: Hugo Ball, *Flight Out of Time: A Dada Diary*, New York: Viking Press, 1974, 1915, p. 33

Seite 129: Christoph Loos, *Paraphrase zu „Michaels Kampf mit Luzifer“* (nach Quellinus, 1634–1715), 2000

Page 129: Christoph Loos, *Paraphrase to "Michaels Struggle with Lucifer"* (after Quellinus, 1634–1715), 2000

Seite 130: Philippe Jaccottet: *Fliegende Saat. Aufzeichnungen 1954–1979*, aus dem Französischen von Sander Ort, © 1995 Carl Hanser Verlag, München–Wien, S. 32

Page 130: Philippe Jaccottet, *Seedtime. Extracts from the Notebooks 1954–1967*, New York: New Directions, trans. André Lefevere and Michael Hamburger, 1977 (orig. 1971), p. 20

Seite 131: Christoph Loos, Rorschach-Tuscheskizze #5, 2001

Page 131: Christoph Loos, Rorschach Ink Sketch #5, 2001

Seite 132: Joseph Beuys, © VG Bild-Kunst, Bonn 2006

Page 132: Joseph Beuys, © VG Bild-Kunst, Bonn 2006

Seite 133: Nikolaus Bienefeld, *Die zweite Haut*, 1994–1995, Bonn-Oberkassel

Page 133: Nikolaus Bienefeld, *Die zweite Haut*, 1994–1995, Bonn-Oberkassel

Seite 134/135: Anonyme Photographie aus Spanien

Page 134/135: Anonymous photography from Spain

Seite 136/137: Christoph Loos/Hideaki Idetsuki, *Bird Sculpture*, 2004

Page 136/137: Christoph Loos/Hideaki Idetsuki, *Bird Sculpture*, 2004

Seite 138/139: Christoph Loos, *Joch* (Videoskizze), 2003
Hugo Ball, *Die Flucht aus der Zeit*, Limmat-Verlag Zürich 1992, S. 291

Page 138/139: Christoph Loos, *Yoke* (Videosketch), 2003
Hugo Ball, *Flight Out of Time: A Dada Diary*, New York: Viking Press, 1974, p. 206

Seite 140: Anonyme Photographie aus Spanien

Page 140: Anonymous photography from Spain

Biographie
Biography

1959	Geboren in Bad Reichenhall Born in Bad Reichenhall
1988–1991	Studium der Bildhauerei an der Freien Hochschule für Musische und Bildende Künste in Alfter/Bonn Studied Sculpture at the Freie Hochschule für Musische und Bildende Künste in Alfter/Bonn
1990–1995	Studium der Philosophie an der Ruhr-Universität Bochum Studied Philosophy at the Ruhr-Universität Bochum
1995–1996	Studium der freien Graphik bei F. Eggenschwiler an der Kunstakademie Düsseldorf Studied Graphic Art under F. Eggenschwiler at the Kunstakademie Düsseldorf
1996	Hans-Thuar-Preis, Bonn Hans-Thuar-Award, Bonn
2002	Lehrauftrag für Holzschnitt an der Europäischen Kunstakademie, Trier Instructor for Woodcut at the European Academy of Fine Arts Trier
2003	Artist-in-Residence-Stipendium, Aomori Contemporary Art Centre, Japan Artist-in-Residence-Grant, Aomori Contemporary Art Centre, Japan
2004	Lehrauftrag für Bildhauerei an der Akademie der bildenden Künste, Johannes Gutenberg-Universität Mainz Instructor for Sculpture at the Academy of Fine Arts at Johannes Gutenberg University Mainz
2005–2007	Dix-Stiftungs-Professur für Bildhauerei (Projekt „Paradise Found“) an der Hochschule für Gestaltung, Offenbach a. Main Dix-Foundation-Professor for Sculpture (Project "Paradise Found") at the Academy of Art and Design, Offenbach/Main

Lebt und arbeitet bei Bonn.
Lives and works near Bonn.

Einzelausstellungen (Auswahl)
Solo Exhibitions (Selection)

1996	Präsentation zum Hans-Thuar-Preis, Kunstmuseum Bonn
1997	„Wärmetod (I)“, Kunstverein Friedberg (K)
	„Wärmetod (I)“, Museum Abtei Liesborn
1998	„Wärmetod (I)“, Städtische Galerie Mainz
	„Wärmetod (I)“, Anhaltischer Kunstverein Dessau
2000	„ZimZum“, Städt. Kunstmuseum Spendhaus Reutlingen (K)
	„ZimZum“, Universitätsmuseum Marburg
2001	„ZimZum/Codex dissolutus“, Städische Galerie Iserlohn
	„ZimZum“, Stadtmuseum Siegburg
	„Fluchtlinien“, Kunstverein Kapelle Weitendorf, Wismar (K)
	„Rarus“, Galerie Werner Klein, Köln
2003	„Romanzen und Matritzen“, Verein & Galerie für Original-Radierung, München
2004	„Kette und Schuß“, Galerie Henseleit Buchholz, Köln
2005	„Chiasma (II)“, Suermondt-Ludwig-Museum, Aachen (K)
	„Chiasma (II)“, Goethe-Institut Kyoto, Japan (K)
2006	„Nanna-Paradox“, Rheinisches LandesMuseum Bonn (K)
	„Nanna-Paradox“, Museum und Galerie im Prediger, Schwäbisch Gmünd (K)
	„Nanna-Paradox“, Goethe-Institut Dublin (K)

Ausstellungsbeteiligungen (Auswahl)
Participation in Group Exhibitions (Selection)

1992	Kunststation St. Peter, Köln
1993	„Ida-Gerhardi-Preis“, Städt. Galerie Lüdenscheid
1994	„Kunstpreis Landau“, Kunstverein Landau
1995	„bon direct“, Bonner Kunstverein (K)
	„Holz/Schnitte“, Gothaer Kunstforum Köln (K)
1997	„Querschnitt. Deutscher Holzschnitt heute“
	Städtische Galerie Villa Zanders, Bergisch Gladbach (K)
1998	„Querschnitt. Deutscher Holzschnitt heute“
	Museum Zwickau, Städtische Galerie Bietigheim-Bissingen, Städtische Galerie Iserlohn
	„Der ausgehöhlte Stamm“ (Kunst- und Kultobjekte aus Europa, Afrika, Ozeanien),
	Städtische Museen Heilbronn (K)
	„Märkisches Stipendium“, Städtische Galerie Lüdenscheid
2000	„Letzte Nacht Erste Nacht“, Galerie der Künstler, München
	„Gegengift“, Schloß Waldthausen, Mainz
2001	„In Holz geschnitten“ (Dürer, Gaugin, Penck u.d.A.), Museum Bochum (K)
2003	"Vernicular Spirit", Aomori Contemporary Art Centre, Japan (K)
2004	„Atelier-Komplexe“, Galerie Henseleit Buchholz, Köln

(K) Katalog Catalogue

Doch, lieber Fremdling, sage mir,
was ist, Das nicht durch uns so wäre, wie es ist?

Please, dear stranger, tell me
what there is that would not be as it is, if not for us?

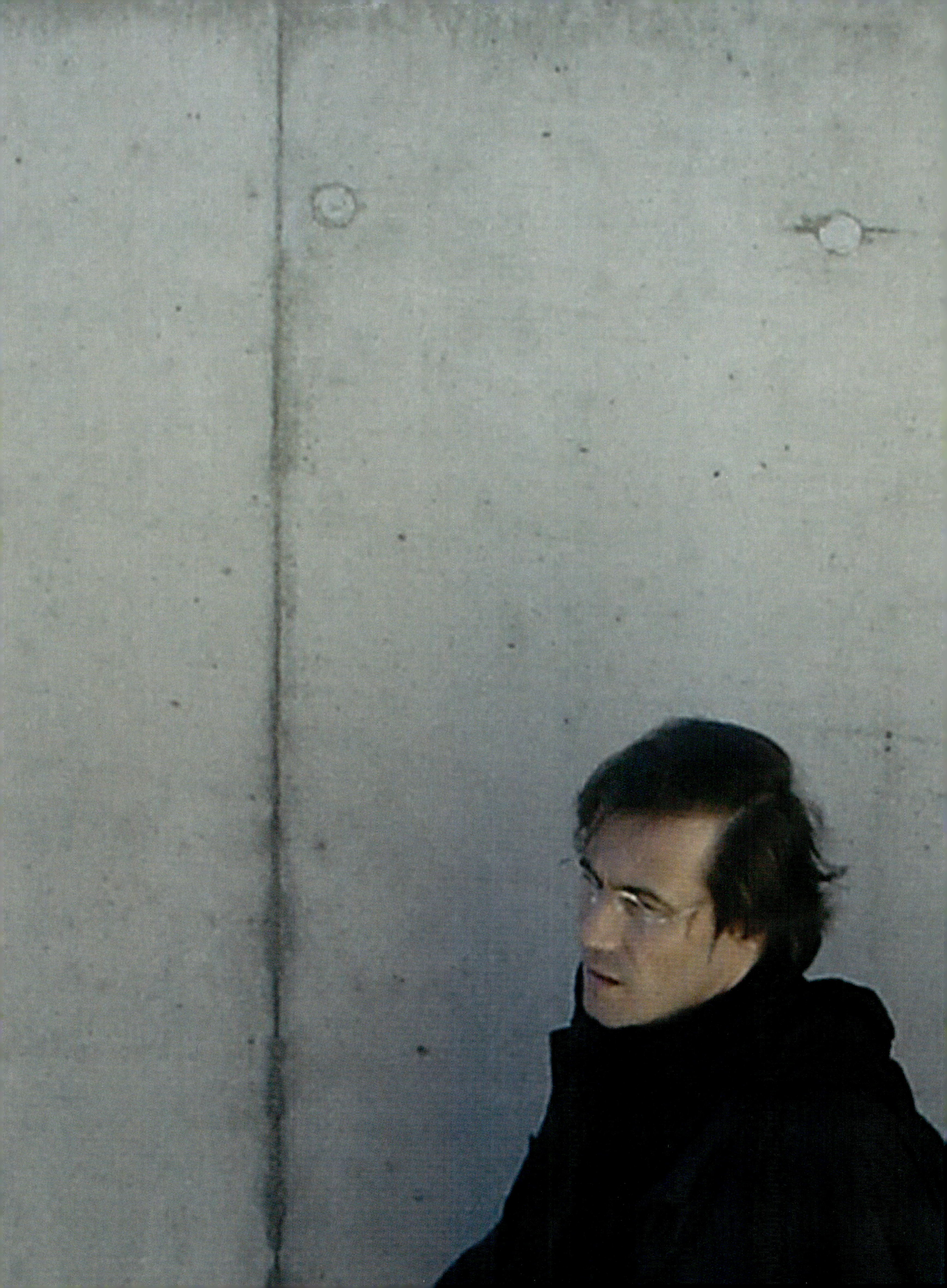

Herausgeberinnen Editors Gabriele Uelsberg und Gabriele Holthuis

Rheinisches LandesMuseum Bonn Colmantstraße 14–18, 53115 Bonn
Leitung Gabriele Uelsberg **Kuratorische Begleitung** Verena Schneider **Abteilungsleitung Dauer- und Wechselausstellungen, Sammlungen und Vermittlung** Lothar Altringer **Ausstellungstechnik und Aufbau** Michael Jumpertz, Gabriele Thoma, Inge Wischnewski
Pressearbeit Hans-Hoyer von Prittwitz und Gaffron **Administration** Hans-Dieter Trogemann

Museum und Galerie im Prediger Schwäbisch Gmünd Johannisplatz 3, 73525 Schwäbisch Gmünd
Leitung Gabriele Holthuis **Presse- und Öffentlichkeitsarbeit** Joachim Haller

Goethe-Institut Dublin 37 Merrion Square, Dublin 2
Leitung Matthias Müller-Wieferig

Texte Texts Gabriele Uelsberg, Angelika Singer, Christa-Maria Lerm Hayes
Übersetzung Translation Maureen Roycroft Sommer
Lektorat Production editor Maren Katrin Poppe
Gestaltung Graphic design Magnus Neumeyer
Schrift Typeface Sabon
Papier Paper GardaPat 13 Klassica, 200g/m² und Geese Büttenwerkdruck, 200g/m²
Druck und Buchbinderei Print and Binding DruckVerlag Kettler GmbH, Bönen

Zitate Citations Botho Strauß, *Beginnlosigkeit, Reflexionen über Fleck und Linie*. Essay, © 1992 Carl Hanser Verlag, München–Wien (S. 1); Friedrich Hölderlin, *Hyperion* (S. 144/145)

Fotos Photo credits ACAC/Yamamoto (S. 11, 14), Michael von der Lohe (S. 16, 36, 78, 124), Nadine Röther (S. 147), Ferdinand Ulrich (S. 83, 87)

© 2006 für die abgebildeten Werke bei der VG Bild-Kunst, Bonn: Constantin Brancusi, Joseph Beuys, Max Ernst, Guiseppe Penone und Timm Ulrichs
© 2006 für die abgebildeten Werke bei den Künstlern bzw. ihren Rechtsnachfolgern: Luis Buñuel
Trotz sorgfältiger Recherche war es nicht in allen Fällen möglich, die Rechtsinhaber zu ermitteln. Berechtigte Ansprüche werden selbstverständlich im Rahmen der üblichen Vereinbarungen abgegolten.

Dankenswerterweise gefördert durch Generously sponsored by KSK Ostalb, Weleda Schwäbisch Gmünd, VGW Schwäbisch Gmünd
The exhibition is supported by the Patrons and Friends of the Goethe-Institut Dublin.

Besonderen Dank an Special Thanks to
Michael Wienand, Magnus Neumeyer, Angelika Singer, Peter Oszvald, Maren Katrin Poppe, Verena Schneider, Lothar Altringer, Gabriele Uelsberg, Gabriele Holthuis, Mia Lerm Hayes, Johannes Stahl, Marianne Hänseler, Michael von der Lohe, Johannes, Lynn, Leland und Eileen Gehlen, Samuel und Jannik Marcadé, Kaoru Isoya, Takayuki Shoji, Hideaki Idetsuki, Walter Lauber, Jonathan Maria Loesing, Johannes Brieden, Gunnar Löring, Julia Steinke, Friedericke Wolber, Susanne Hu, Karl-Heinz und Xaver Krudewig, Svenja Kurth, Berivan Mansuroglu, Ricarda Thomaschewski, Hendrike und Maximiliane Schuth, Nicole Vahsen, Ralf Poppen, Dirk Monreal, Marcus Kuhbrügge, Thomas Brenner, Frank Bertoldi, Carolin Pohlmann, Adréana Julia Kraschewski, Annette von Speßhardt, Anne-Katrin Sura, Sol Lyfond und Wolfgang Luy

© Köln 2006, Wienand Verlag Köln, der Künstler und die Autoren
Printed in Germany

ISBN 3-87909-891-3

Bibliographische Information der Deutschen Bibliothek
Die Deutsche Bibliothek verzeichnet diese Publikation in der Deutschen Nationalbibliographie; detaillierte bibliographische Daten sind im Internet über http://dnb.ddb.de abrufbar.
Bibliographic information by the Deutsche Bibliothek
Die Deutsche Bibliothek lists this publication in the Deutsche Nationalbibliographie; detailed bibliographic data is available in the internet at http://dnb.ddb.de.

Umschlag vorne Front cover *Nanna-Paradox #11*, 2005, **Umschlag hinten** Back cover *Von Monden und Pillendrehern #4*, 2003

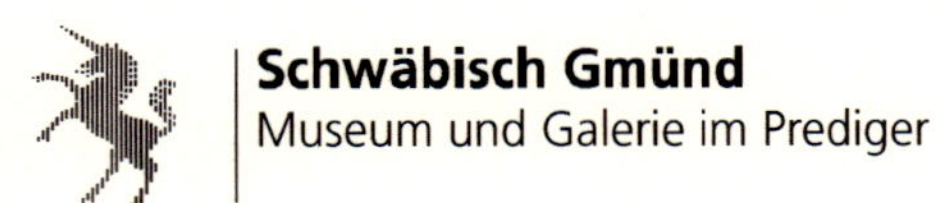

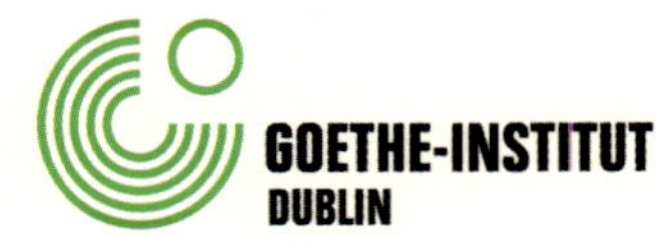

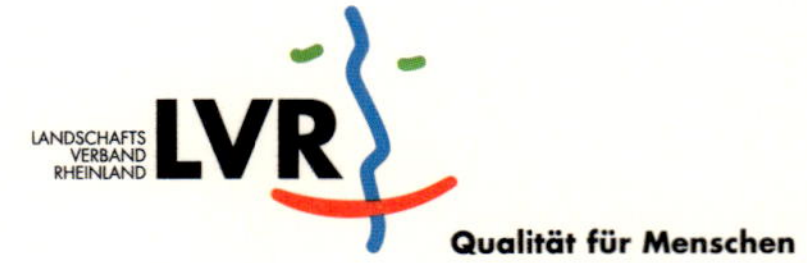